Théophile Eliet

LIBRE

Comment se créer des sources de revenus passifs avec un petit capital

Editeur : Théophile Eliet
16 rue du Pont Neuf, 75001 Paris, France

ISBN : 979-10-699-5323-9
Imprimé à la demande par Amazon

« Je n'ai jamais accompli quelque chose d'incroyable par accident,
ni aucune de mes inventions n'est venue par accident,
lles sont venues par le travail »

Platon

« La chance est ce qui arrive lorsque
la préparation rencontre l'opportunité »

Sénèque

« En suivant le chemin qui s'appelle « Plus tard »
vous arriverez sur la place qui s'appelle « Jamais » »

Sénèque

Au sommaire

Avant-propos - Tout vient à point à qui sait attendre...

Partie 1 - Finances personnelles

Chapitre 1 – Mes débuts en tant qu'étudiant fauché
Chapitre 2 – Oser se lancer
Chapitre 3 – Les effets de levier
Chapitre 4 – Contrôler vos finances personnelles

Partie 2 - Immobilier

Chapitre 5 – Devenir rentier immobilier
Chapitre 6 – Négocier l'achat d'un bien puis le rénover
Chapitre 7 – Déléguer la gestion locative
Chapitre 8 – Savoir dépasser la peur du premier achat
Chapitre 9 – Sociétés immobilières, sous-location, parkings et garages
Chapitre 10 – Comparatif entre plusieurs appartements qui s'autofinancent

Partie 3 - Bourse

Chapitre 11 – Devenir rentier en bourse
Chapitre 12 – Les dividendes, les ETF, les obligations, l'or et les crypto-monnaies
Chapitre 13 – Krachs, récessions, comment se protéger et en tirer profit ?
Chapitre 14 – La psychologie de l'investisseur gagnant-prudent
Chapitre 15 – Comparatif entre plusieurs actions à dividende
Chapitre 16 – Ce que j'ai appris en devenant riche dans un monde inégal

En conclusion – Merci... et peut-être à bientôt ?

Avant-propos

Tout vient à point à qui sait attendre…

La scène se déroule il y a quelques années, du côté de Koh Phi Phi, en Thaïlande. Je me promène à jet-ski entre deux superbes îles bordées de plages de sable fin, flottant sur une eau translucide à 28°. Je suis seul sur la mer, seul au monde. La nature, généreuse, me gratifie d'un de ces splendides couchers de soleil dont elle a le secret. Je me sens pleinement vivant, empli d'une profonde sérénité et d'un sentiment de liberté.

Il y a encore quelques mois, j'étais salarié, pour manger, pour vivre, et je m'étais fait le pari de devenir rapidement indépendant financièrement, m'attirant les moqueries narquoises de mes collègues. Je nourris pour eux une pensée émue en cet instant, les imaginant dans la grisaille de la cité, au bureau ou dans le métro bondé ! A la fin de mon contrat à durée déterminée, en quelques mois, j'avais gagné mon pari et acquis mon autonomie financière, en qualité d'entrepreneur.

Ce jour-là, sur ce jet-ski, j'ai su que j'avais raison. J'avais fait le bon choix. Et vous aussi avez fait le bon choix en ouvrant ce livre : c'est votre premier investissement, votre premier petit pas vers votre future indépendance financière. Je vais vous y aider, modestement mais concrètement, en partageant mon expérience et mes meilleurs conseils dans les pages qui suivent. Je vous en souhaite une bonne lecture…

Chapitre 1

Mes débuts en tant qu'étudiant fauché

En 2012, j'étudiais dans un lycée public l'art de la vente et de la négociation. À l'approche des examens de fin d'année, tous les étudiants de ma classe révisaient leurs fiches. Pour les aider tout en révisant moi-même, j'ai créé un site internet sur lequel je mettais en ligne une fiche, chaque jour. Ce site a reçu de plus en plus de visiteurs ; bien plus que je ne l'aurais cru initialement.

Pour payer l'hébergement du site, j'ai réfléchi aux services que je pouvais apporter et vendre. Intégrer de la publicité ? Sans intérêt pour d'éventuels annonceurs, à ce stade en tout cas. Et j'ai eu l'idée de résumer notre programme de deux années d'études en 80 fiches réunies dans un document au format PDF vendu au prix de 11,90 €. Lorsque j'ai reçu ma toute première commande, enthousiaste, j'ai couru le raconter à mon père, qui a souri en me disant gentiment :

— 11,90 € pour deux mois de travail ? Je te félicite mon fils !

Cela n'a aucunement douché mon enthousiasme parce que ce n'est pas tant la somme, dérisoire, qui importait, mais le symbole, le fait que j'avais gagné de l'argent par mes idées, ma prestation de service. D'autres commandes ont suivi et de fil en aiguille, six mois plus tard, mon activité générait des revenus comparables à un salaire.

Mon père, de l'ancienne école, a insisté pour que je trouve quand même un emploi salarié. Lui qui est fonctionnaire trouvait trop aléatoire que je tente de vivre en indépendant. Pour lui faire plaisir plus que par réelle conviction, j'ai été salarié huit mois, télé-conseiller chez Nespresso puis employé dans une entreprise d'hébergement de site internet. Je gagnais environ 1400 € nets mensuels et certains mois, mes revenus d'indépendant, générés par mon activité en ligne, dépassaient ce montant.

Cet ami qui m'a rendu riche sans le savoir

Un jour, un ami m'a demandé comment faire pour créer son activité sur internet. Il savait que je gagnais un peu d'argent avec mon site pour aider des étudiants et voulait aussi se lancer. J'ai trouvé plus simple de le lui expliquer en enregistrant une vidéo. Ne parvenant pas à la lui envoyer, le fichier étant trop lourd, je l'ai mise en ligne sur YouTube et lui ai transmis le lien.

Après quelques jours, elle totalisait déjà des centaines de vues. Ces internautes m'ont ensuite contacté pour me poser des questions en commentaire. Je leur ai répondu en enregistrant d'autres vidéos pendant mon temps de trajet domicile/bureau et pendant mes temps de pause déjeuner. Ces vidéos attirant toujours plus de visiteurs, j'avais amorcé un cercle vertueux.

Au fur et à mesure que j'enrichissais ma chaîne Youtube en contenus, ma petite communauté grandissait. Puis cette communauté grandissante m'a vu arrêter le travail salarié et partir en Thaïlande. Quatorze heures de vol pour parcourir 14 500 km, moi qui n'avais jamais pris l'avion ni quitté le domicile familial.

A ce stade, je pensais n'y rester qu'un mois, mais là-bas, je me suis vraiment senti bien. J'ai découvert une nouvelle vie, une autre culture, une autre façon de penser. Des gens qui privilégient le bonheur et la liberté plutôt que l'argent.

Au bout d'un mois, j'ai dû me faire violence pour retourner en France afin de récupérer des affaires, et je suis vite reparti en Asie, cette fois pour y vivre, au grand désespoir de mon père, triste de me voir partir loin de lui.

J'ai vécu un an en Asie, puis un an dans divers pays d'Europe, notamment de l'Est, ensuite trois ans à Malte où j'ai rencontré énormément d'entrepreneurs qui partageaient ma vision. Après quoi je me suis installé en Espagne puis à Bangkok, en Thaïlande. Certains idéalisaient mes voyages, pensant que je flemmardais sur une plage sous un cocotier, mais je suis incapable de rester inactif, même en dégageant des revenus très corrects. Je suis un entrepreneur dans l'âme, ce n'est pas l'argent mon moteur, c'est la création, le désir de progresser et l'investissement pour sécuriser mon avenir.

Mon temps libre me donne la possibilité de transmettre. Ce livre va me permettre de partager une grande partie de mon expérience pour vous aider à vous accomplir et à vous affranchir d'un patron.

Les limites humaines à l'enrichissement

Cet affranchissement passe par la levée de deux freins à votre enrichissement : le temps et les compétences.

Le temps parce que, quelle que soit votre capacité de travail, il n'y a que 24 heures dans une journée et il faut aussi penser à satisfaire ses besoins vitaux : se nourrir et dormir. Cette durée n'est pas extensible. Quel est le secret pour bénéficier de plus de temps ? Travailler avec des gens qui ont les compétences dont vous avez besoin dans vos domaines d'activités. Dans mon cas, ces domaines sont actuellement au nombre de trois :

- la santé,
- le développement personnel,
- la finance.

Faire travailler les autres vous permet de bénéficier de leur temps de travail, donc de démultiplier votre production. Au lieu de gagner 100, vous ne gagnerez peut-être que 50, mais chacun vous rapportera 50. C'est du gagnant/gagnant à condition d'offrir une rémunération stable et d'endosser les prises de risque et les responsabilités en lieu et place de ces personnes.

L'autre option consiste à acquérir les compétences dont vous avez besoin : plus on développe de compétences à forte valeur ajoutée, plus notre valeur horaire est élevée. Mais il reste l'autre frein, le temps. En travaillant avec d'autres personnes, vous dépassez cette limite temporelle, c'est le temps des autres, et vous bénéficiez de leurs compétences, qui participent à votre enrichissement.

Trop beau pour être vrai

Votre entourage peut vous nuire et se muer en frein, tant on a peur d'investir et d'entreprendre, en France. Beaucoup plus que dans les pays anglo-saxons. Un entourage défavorable, le poids du regard de ceux qui vous jalouseront ou ne comprendront pas les actions que vous allez entreprendre, cela vous pèsera mais ne vous empêchera pas de réussir si vous ne gaspillez pas votre énergie à essayer de les convaincre du bien-fondé de votre démarche. Ne perdez pas de vue que leurs critiques ne constituent aucunement une attaque personnelle, mais un moyen de se rassurer. Plutôt que d'essayer de s'élever, ces détracteurs dévalorisent ceux qui réussissent. N'en tenez pas compte, ces attaques sont courantes, mais totalement infondées.

Cela me rappelle lorsque je suis revenu dans ma ville natale et que j'ai accepté l'invitation d'un ami à une soirée qu'il organisait chez lui. Très content d'y être invité, je m'habille de ce qui me met en valeur et me fait me sentir confiant sans porter d'objets coûteux. Au cours de la soirée, mon ami d'enfance lance le sujet de la création d'entreprise et me demande comment j'ai investi dans l'immobilier. Je veille à éviter de parler de montant et je réponds aux questions qui fusent de toute part.

Soudain, un jeune homme d'une vingtaine d'années me lance « et tu as quoi comme voiture ? ». Je réponds que je n'ai pas de voiture car je n'en ai pas l'utilité. Il est reparti aussitôt de l'autre côté de la fête comme s'il était venu pour se rassurer : lui avait une voiture et moi pas ! Je repris la conversation avec ceux qui avaient les mêmes centres d'intérêts que moi et l'hôte de la soirée est venu s'excuser pour la réaction de son invité. « Ce n'est vraiment pas grave, lui ai-je répondu, le plus important est qu'il passe une bonne soirée et soit rassuré parce que je n'ai pas de voiture. »

Lisant ce livre, vous y trouverez des informations inestimables… si vous les appliquez. Certains n'en mesureront pas la valeur. N'essayez pas de convaincre mais seulement d'expliquer à ceux qui ont l'esprit encore disposé à apprendre. Entourez-vous de personnes qui partagent votre vision et la respectent. Vous pourrez échanger avec eux sur vos objectifs et vos expériences.

Et pour éviter de susciter trop de jalousie, n'oubliez pas que nombreux sont ceux qui ont d'autres talents, d'autres capacités. Cela permet à tous de trouver un équilibre social, sans se focaliser sur les finances.

L'arnaque de l'éducation publique

La plupart du temps, lorsqu'un étudiant quitte l'école pour se lancer dans le monde du travail, il cesse d'apprendre. Ce rejet de l'apprentissage peut résulter du fait d'avoir été forcé de retenir des informations qui ne les intéressent pas et de développer leur mémoire, et pas leur intelligence. Les étudiants sont tous formés de la même manière, sur le fondement des directives que le gouvernement donne aux écoles. On apprend donc à penser tous de la même façon.

Là où on peut se tromper c'est lorsque la gratuité intervient. L'école publique est gratuite alors que dans le monde entier elle est payante. Quel miracle ! Ou plutôt, quel désastre ! Lorsqu'on parle de gratuité, on pense à l'argent. Mais qu'y a-t-il de plus important que l'argent ? La santé et le temps. L'éducation publique vous coûte extrêmement cher en temps car elle ne vous donne aucun raccourci et écrase votre capacité à penser par vous-même, à être différent. Si vous êtes différent des autres à l'école, alors vous êtes pointé du doigt et avez de mauvaises notes.

Einstein disait qu'on ne juge pas la capacité d'un poisson rouge à monter à une échelle, je partage ce point de vue. Lors des examens, si vous demandez de l'aide à un voisin de table, vous êtes un tricheur et serez puni. Autrement dit, on vous compare aux autres au moyen des notes, vous fait vous sentir mal lorsque vous faites une erreur et l'on vous interdit le travail d'équipe.

Dans le monde réel, celui dans lequel je vis, ceux qui réussissent le plus sont différents et ont besoin de l'aide des autres pour s'accomplir et devenir des modèles de réussite. Alors, à quoi bon la gratuité d'un enseignement qui n'est pas applicable dans le monde réel ?

C'est pour cette raison que j'ai quitté ma licence de commerce en ligne après quelques mois. Je me rendais compte que je n'allais pas chercher les informations auprès de personnes compétentes. Lorsqu'un fonctionnaire qui n'a jamais créé d'entreprise vous apprend à le faire, vous êtes au mauvais endroit. Avec tout le respect que j'ai pour mes anciens professeurs, je pense qu'ils se sentiraient plus accomplis en enseignant des choses qu'ils pratiquent réellement. La théorie est la clé mais la pratique en est le trésor.

Ne vous méprenez pas, ce livre est à un prix extrêmement faible mais sa valeur est bien différente.

Offrir la liberté par le salariat

Quand j'évoque ce sujet, on me reproche d'être incohérent :

— Tu as choisi cette voie pour t'affranchir d'un patron mais du coup, tu emprisonnes les autres en les salariant !

C'est une perception erronée de ma démarche. Je n'ai pas perdu de vue ma philosophie ni trahi mes convictions. Une personne qui travaille pour moi depuis cinq ans gagne plus qu'un cadre en France ; elle est d'ailleurs partie vivre au Guatemala, ce dont elle rêvait. Ce collaborateur aurait eu bien du mal à réaliser son rêve en étant salarié d'une entreprise classique. Je lui ai également apporté de nouvelles compétences et nous sommes même devenus associés dans certaines affaires. Un jour, il m'a appelé en visioconférence pour me montrer sa maison, son épouse, son chien… Il est payé à la hauteur de ses compétences, se sent libre et heureux de travailler pour et avec moi.

Quand des salariés ne sont pas heureux dans une entreprise, ils s'en vont. Moi, si j'ai un *turn-over* important, c'est parce que j'apprends à mes collaborateurs à s'affranchir, à devenir indépendants. Cameramen, monteurs vidéo, rédacteurs… ils volent ensuite de leurs propres ailes en suivant mes conseils.

J'ai reçu plus d'une centaine de témoignages et remerciements en vidéo et accompagné toutes ces personnes à acquérir une meilleure maîtrise de leurs finances. Je leur ai appris à s'épanouir, gagner plus et investir. Le plus important n'est pas tant combien ils gagnent maintenant, mais plutôt comment ils gagnent leur vie.

Grâce à mes formations en ligne, aujourd'hui, toute personne qui a de l'ambition et qui y associe les efforts nécessaires à l'application de mes conseils peut radicalement changer sa vie.

Votre retraite après 2050

Au fur et à mesure, j'ai aussi investi en bourse et dans l'immobilier. J'ai acheté des actions, lesquelles génèrent des dividendes.

Mes revenus locatifs me suffisaient à vivre mais je continue de travailler, par plaisir, à mon rythme et en résidant où je le veux dans le monde. C'était l'un de mes quatre objectifs, dès le départ :

1. Je voulais ne plus être salarié mais indépendant.
2. Je souhaitais découvrir le monde et pouvoir voyager selon mes envies.
3. Je voulais aider mes parents. Mon père est fonctionnaire, ma mère aide-soignante, ils n'ont jamais roulé sur l'or. Objectif atteint : j'ai pu acheter une maison pour mon père, un appartement pour ma mère, grâce à quoi ils n'ont ni crédit, ni loyer, et vivent sans inquiétudes financières. Ma mère a pu limiter son travail à un mi-temps et ainsi gagner en liberté. Mon père ne fait plus d'heures supplémentaires et s'accorde plus de plaisirs au quotidien. Il se met même à voyager.
4. Je voulais préparer ma retraite. A ce sujet, je ne voudrais pas vous effrayer, mais plutôt attirer votre attention : la future retraite assurée par l'État ne suffira peut-être pas pour vivre décemment. En cette année 2020, le système a besoin de 0,7% du PIB français pour se financer et, selon l'Observatoire des retraites, cela montera à 1,7% en 2050. La même étude de l'Observatoire montre que les caisses seront vides dès 2025.

La question que je me pose est : comment la France pourrait donner autant de son PIB pour les retraites alors qu'elle est tellement endettée ? L'Insee a d'ailleurs annoncé que la dette publique française avait dépassé les 100% du PIB depuis septembre 2019. À titre de comparaison, c'est comme si vous aviez un emprunt avec des mensualités de remboursement qui représentent la totalité de vos revenus.

Le pourcentage du PIB alloué au remboursement de la dette et au paiement des intérêts est colossal. Et cela empire d'année en année. La situation a tellement évolué, aussi : en 1960, le système de retraite était équilibré parce qu'on comptait 4 cotisants pour un retraité. En 2050, il n'y aura plus qu'1,2 cotisant pour un retraité. Pas besoin de sortir d'une grande école pour comprendre que la mécanique va se rouiller. Cela me donne prudemment envie de préparer ma retraite, et d'aider les lecteurs à affronter une diminution importante du niveau de leurs futures pensions. Les médias nous informent déjà que l'État souhaite diminuer de 20 à 25% le montant de ces pensions d'ici à 2050.

Les Français peuvent toujours manifester, si les caisses sont vides, nul ne peut accomplir de miracle.

Le peuple français a vieilli et le *papy-boom* (les générations du *baby-boom* d'après-guerre qui prennent leur retraite) va finir d'épuiser les réserves, en toute logique. Comme l'allongement de la moyenne de notre espérance de vie.

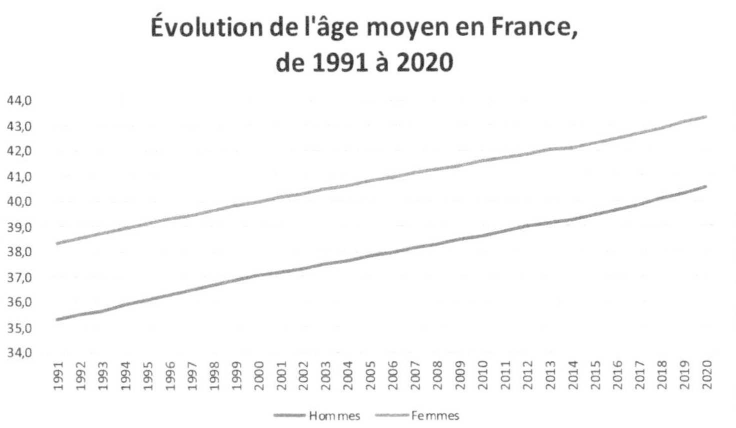

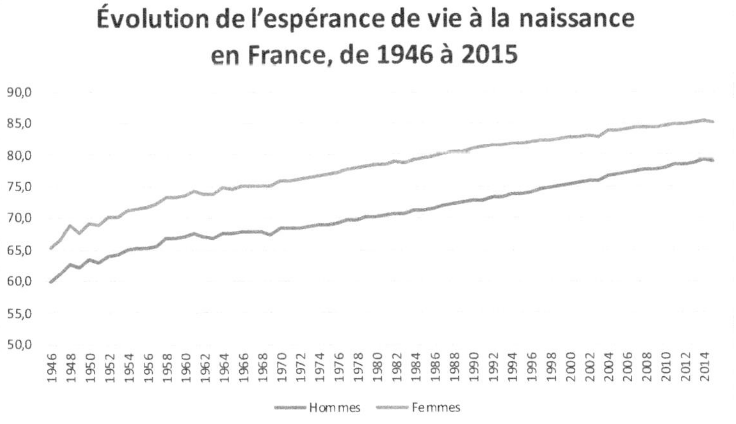

Chacun a intérêt à anticiper et à se constituer un patrimoine de sécurité pour ses vieux jours. Parce que, malgré ce que l'on prétend, à savoir que « l'argent ne fait pas le bonheur », on en a besoin. Il a un impact sur notre santé et sur notre bonheur, en décuplant notre temps libre et en nous offrant la possibilité d'exercer le métier de notre choix, débarrassés de la nécessité de travailler uniquement pour des motifs alimentaires.

Grâce à une bonne maîtrise de nos finances, nous pouvons aussi aider nos proches et faciliter leur quotidien ou leur destinée.

On sait par ailleurs que la santé commence dans l'assiette. Avoir les moyens d'acheter du bon et du bio nous maintient en forme. Et puis, si les soins sont presque entièrement remboursés en France, c'est loin d'être le cas partout dans le monde. Au vu également des besoins des services hospitaliers et du budget qu'ils reçoivent, il est normal que les hôpitaux privés poussent comme des champignons et à terme, ce service médical ne pourrait plus être remboursé au vu des finances de la France. Selon le ministère de la Santé et un sondage réalisé par le cabinet Odoxa en mars 2018, les établissements de santé privés représentent 55% contre 45% pour les établissements publics. Selon cette même étude, le budget de 46% des hôpitaux publics est déficitaire.

Enfin, disposer de temps libre permet de s'occuper de soi et de pratiquer une activité sportive régulière. Pour toutes ces raisons, l'argent contribue à notre bien-être et notre bonheur.

Puis, saviez-vous qu'en moyenne un problème de couple sur trois provient d'une dispute à propos de l'argent et qu'un autre tiers vient des tâches ménagères ? Si l'argent n'était pas une source de problèmes mais une source de liberté, il éviterait sans doute deux tiers des problèmes de couple. Les services de nettoyage sont bien plus utiles que ce qu'on pourrait croire n'est-ce pas ?

Le hasard s'occupe d'eux

Parmi ceux qui vous diront aussi que l'argent n'est pas important, vous avez les joueurs du loto. C'est un groupe de personnes qui ont une envie secrète et brûlante de gagner beaucoup d'argent et de laisser le hasard s'occuper de leurs finances. En transférant la responsabilité de vos finances à un tiers, vous en perdez tout contrôle. En moyenne, si les Français qui jouent au loto plaçaient leur argent dans des actions ou en apport à un bien immobilier, il ne leur faudrait que quelques années pour devenir libre financièrement à la condition de se former et de travailler différemment. La France est selon moi un pays qui retire au maximum les facultés de penser par soi-même et de se prendre en main. Cependant, laisser mon avenir financier entre les mains de ceux qui ont une dette qui ne sera jamais remboursée n'est pas ma façon de penser.

Les méchants riches

Si l'on souhaite devenir riche, il ne faut surtout pas haïr ceux qui le sont. On nous les présente souvent comme des méchants, notamment dans les films, qui se seraient enrichis en volant les pauvres et non par leur travail et leur talent. Ôtez-vous ce cliché de l'esprit, sinon vous allez vous créer un blocage psychologique. Vous vous empêcherez de devenir riches pour ne pas devenir méchants.

N'oublions pas que ce qui fait que la France propose de nombreux services d'apparence gratuits est rendu possible par l'impôt qui est majoritairement récolté auprès des entreprises, donc des entrepreneurs fortunés. En 2017, les impôts prélevés sur les entreprises représentent 58,3% des recettes de l'État et cela n'inclut pas l'impôt sur le revenu des entrepreneurs à titre personnel. Ce sont également les personnes riches qui créent de l'emploi et rénovent ou construisent des logements. Je pense que riches comme pauvres, cela ne détermine pas si vous êtes une bonne ou une mauvaise personne.

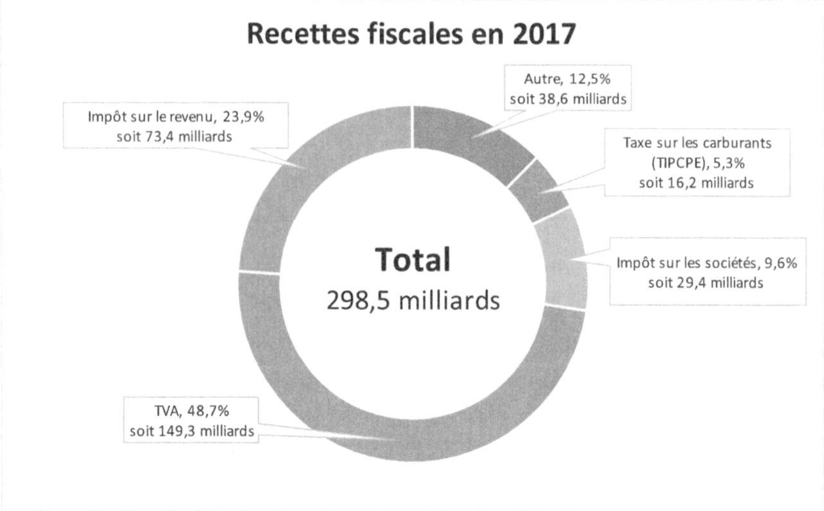

Finalement, le plus dur n'est pas d'apprendre, mais de désapprendre ce que l'on nous a enseigné sur l'argent et qui est faux ou obsolète. L'argent ne change personne, il révèle simplement notre véritable nature. Mes valeurs sont restées les mêmes. Et j'ai aidé d'autres personnes à changer leur vie pour redonner ce dont j'ai bénéficié. C'est aussi ce que je fais en écrivant ce livre.

Pour terminer sur la perception des riches par le grand public, j'aimerais souligner un point. Parmi toutes les classes sociales, il existe des personnes bonnes, honnêtes, malhonnêtes, compétentes et incompétentes. Il n'est pas rare de croiser des nouveaux riches qui ne savent pas comment utiliser leur argent et le gaspillent aux yeux de tous, tandis que la grande majorité des riches ne le montre pas. C'est à cause de ceux qui narguent en quelque sorte les foules avec leur nouvelle richesse que certains pensent que dès l'instant que l'on devient riche, on se met à jeter des billets partout où nous nous rendons. Laissez-moi vous dire que la grande majorité des millionnaires de mon entourage ne gaspillent pas du tout leur argent. Au contraire, c'est parce qu'ils savent l'utiliser et le contrôler qu'ils ont une vie sans restriction financières.

D'ailleurs, comment se créent les millionnaires ? Gagnent-ils à la loterie, grâce à un héritage ou par l'immobilier, la bourse et l'entrepreneuriat ? Une étude du cabinet *Fidelity Investments* montre que 88% des millionnaires le sont devenus par eux-mêmes tandis que les 12% restant le sont par héritage. Si dans cette étude la loterie n'est même pas évoquée, c'est qu'elle représente moins de 1% des millionnaires. Une autre étude, de RTL cette fois, a montré que 32% des personnes les plus riches au monde n'ont pas de diplôme universitaire. Ce qui est tout à fait normal puisque l'atteinte de vos objectifs financiers dépend de votre apprentissage permanent et pas de votre niveau de connaissance à un instant donné. Par exemple, si vous avez étudié l'économie pendant 10 ans de manière intense, il est possible que vous ne soyez plus du tout à la page dans quelques années. À l'inverse, si vous vous intéressez tout au long de votre vie au secteur financier à petites doses, vous vous enrichirez fortement à la condition d'appliquer vos nouvelles connaissances.

Chapitre 2
Oser se lancer

Je n'ai jamais manqué de rien dans mon enfance ou mon adolescence et mon père a su me donner confiance en moi. Toutefois, en choisissant une autre voie que le salariat, à l'encontre de sa vision de la sécurité financière, j'étais seul. Mon père estimait que la sécurité financière résidait dans un salaire plus ou moins garanti à la fin du mois. Pour ma part, je considère que la sécurité réside dans la diversité des sources de revenus que nous nous créons. À l'instar de la pensée populaire, je pense qu'il est très risqué de n'avoir qu'une seule source de revenus et qu'elle dépende d'un patron. Ainsi, à partir d'une même idée de départ – la sécurité financière –, mon père et moi avions deux analyses différentes. En réalité, nous avions tous les deux raisons mais l'analyse de mon père s'appliquait à l'âge industriel et la mienne à notre époque où les entreprises et les États garantissent et promettent mais sont endettés pour la plupart.

Bref, en me lançant dans cette aventure entrepreneuriale, j'étais seul. Seul aussi financièrement car ma famille ne pouvait m'offrir qu'un soutien moral, au mieux. Je suis parti de rien ou pour être précis, du bas de la classe moyenne.

Un phénomène amplifié par le fait qu'en sortant de la normalité (le salariat), en choisissant une voie différente de la grande majorité, cela renforce le sentiment de solitude. Autour de vous, peu de personnes vous comprennent et partagent votre vision du monde professionnel et financier.

Je ne comptais donc que sur moi pour assurer ma sérénité et rendre à mes parents ce qu'ils m'ont donné. Le fait d'y être parvenu, et assez rapidement, me permet d'être en paix avec moi-même. Je me sens bien, rassuré pour eux comme pour moi.

Je pourrais vivre dans l'opulence et il m'est d'ailleurs arrivé de me « lâcher » et de dépenser beaucoup à une période, mais j'ai eu la chance de rencontrer des amis bienveillants qui m'ont éveillé sur la seule façon de me créer une vraie stabilité de revenus dans le temps. Ainsi suis-je passé de la case entrepreneur à la case investisseur. C'est indispensable, au cas où certaines de mes activités connaîtraient un trou d'air, ce qui peut toujours se produire, dans n'importe quel domaine.

Avec le recul, je réalise que cesser d'être salarié pour devenir entrepreneur s'est avéré enthousiasmant, mais c'est en devenant investisseur que j'ai réellement passé un cap. Dans ces domaines, j'ai commis quelques fautes, par manque d'expérience, au début, et j'écris aussi ce livre pour vous éviter de commettre les mêmes erreurs.

La fiscalité

Je ne rentrerai pas dans le détail de la fiscalité, même si je sais que beaucoup s'y intéressent, à juste titre d'ailleurs, mais la fiscalité est propre à chaque situation et fluctue rapidement.

Depuis de nombreuses années, les Français connaissent une véritable insécurité fiscale, les règles changent en permanence et les chefs d'entreprise ou leurs comptables s'arrachent les cheveux pour suivre. Je ne suis pas avocat fiscaliste, je suis simplement un particulier qui partage ses conseils ayant permis son évolution et sa liberté. Aussi, je vous invite à toujours recevoir les conseils fiscaux de ceux dont c'est le métier.

D'une manière générale, si vous ne voulez pas payer d'impôt, ne faites rien. L'optimisation est une chose, le rejet de l'impôt en est une autre. Pour avoir vécu et voyagé dans des pays où l'impôt n'existe pas ou est extrêmement faible, laissez-moi vous dire que vous apprécierez d'autant plus votre retour en France et serez heureux de participer à l'économie. Je conçois que l'impôt n'est pas toujours utilisé de manière efficiente et même parfois peut être opaque mais il est nécessaire si vous souhaitez vivre dans un pays qui vous assure des services auxquels vous êtes peut-être habitué. S'enfermer dans un pays avec la fiscalité comme critère principal ne vous rendra pas heureux.

Ce livre est votre guide

Je ne rédige pas ce livre pour gagner de l'argent mais pour transmettre un courant de pensée qui a radicalement changé mon existence. Je le veux comme un soutien pour ceux qui désirent entreprendre et investir et qui pourraient se sentir seuls dans cette aventure.

Je souhaite que dans cet ouvrage, ils trouvent des pistes pour évoluer sur le chemin qu'ils ont choisi. Un chemin passionnant mais qui n'est pas non plus un long fleuve tranquille. Certains conseils vous feront gagner du temps ou vous éviteront des pertes d'énergie ou d'argent. Si je devais résumer mon but en une phrase, je dirais – ou en l'occurrence, j'écrirais ! – que je vais partager avec vous ce qu'on n'apprend pas à l'école… et que j'aurais aimé savoir plus tôt.

L'école ne nous apprend pas à faire travailler de l'argent ni à nous affranchir du système dominant présenté comme sûr. Sûr, dites-vous ? Je doute fort que les jeunes qui entrent sur le marché du travail actuellement percevront une grosse retraite. Et la majeure partie des salaires ne permet pas d'économiser un capital suffisant pour y remédier. La vraie sécurité consiste à se protéger en se préparant dès maintenant. Tous les Français, et ça dès le plus jeune âge, ont intérêt à sécuriser leurs revenus et leur style de vie pour un avenir prospère.

A qui s'adresse ce livre ? Aux personnes qui ont de l'ambition. Ce livre n'est pas réservé aux riches mais plutôt à celles et ceux qui veulent s'enrichir, peu importe leur situation actuelle.

Cet ouvrage ne vous permettra pas de faire fortune en quelques jours, mais vous aidera à construire une vie plus confortable, à dégager plus de temps libre. Ce livre permet à monsieur et madame Toutlemonde de s'enrichir sur le long terme avec de vraies stratégies, puis de rester riches. Parce qu'il faut bien distinguer le fait d'avoir de l'argent en banque et celui de le faire travailler pour vous sans même l'avoir gagné. D'expérience, je dirais que 10% de ceux qui entreprennent réussissent durablement. Je vais vous expliquer comment perdurer et faire partie de ces 10%.

Mes deux plus grands échecs

J'ai indiqué précédemment que j'avais commis des erreurs. J'en retiens deux majeures. Elles m'ont servi de leçon car c'est là aussi l'intérêt de l'échec, si l'on considère l'erreur et ses conséquences comme une forme d'échec : il nous fait grandir si on sait en tirer la leçon associée.

Comme disait Roosevelt : « Il est dur d'échouer ; mais il est pire de n'avoir jamais tenté de réussir. » L'échec est souvent la base de la réussite, à condition qu'il ne soit pas trop cuisant et ne vous précipite pas dans un gouffre.

Ma première erreur est la suivante. Lorsque j'étais étudiant, je ne me reposais pas pendant les vacances scolaires, je travaillais tout le temps, animateur de centre aéré, vendeur en magasin le week-end… grâce à quoi j'ai peu à peu économisé l'équivalent de 2 000 €. Cela représentait une somme conséquente pour moi. De quoi financer mon permis de conduire et acheter une petite voiture d'occasion, par exemple. Seulement, j'avais déjà l'esprit entreprenant et je me croyais capable d'investir tout seul sur les marchés financiers. Investir en bourse sans formation ni stratégie, cela revient à jouer au casino. J'ai tout perdu en deux semaines.

J'ai alors compris trois choses essentielles pour mon avenir : que j'avais trop confiance en moi, qu'il faut se former avant de se lancer dans un domaine d'activité qu'on ne connaît pas et qu'il ne faut jamais investir de l'argent dont on aura besoin à court terme.

Quel que soit le domaine d'activité que vous choisirez, il existe sur internet une quantité invraisemblable de formations – moi-même, j'en propose – qui vous permettent d'acquérir les compétences nécessaires, gratuitement ou en payant, selon la qualité des informations. Mon conseil : si vous souhaitez devenir un investisseur, en bourse ou dans l'immobilier, votre premier investissement sera à effectuer dans votre formation. Cela vous évitera des ennuis et des pertes pouvant vite s'avérer conséquentes. Il est rentable et indispensable de payer pour se former. Si vous ne me croyez pas, faites l'expérience de vous lancer sans formation.

Pour ma part, j'apprends vite et applique tout de suite ce que j'apprends. C'est la vitesse d'implémentation de ce que vous apprenez qui compte le plus. Inutile de tout savoir dans un domaine si on n'en fait pas l'utilisation.

J'ai annoncé avoir commis deux erreurs. La deuxième est que j'ai voulu me diversifier à l'excès au point de m'éparpiller et, finalement, de risquer de me perdre en route. Je m'explique : nous entendons tous que tel domaine est ou va devenir porteur et pour ma part, je me lançais aussitôt dans cette activité, mais à petite échelle. J'essayais ici, et puis ici et là… je brassais surtout de l'air et j'ai fini par comprendre que je devais d'abord me focaliser sur un seul pilier d'enrichissement, et un seul, avant de me diversifier une fois que je l'aurais lancé et délégué. C'est cela qui m'a permis d'évoluer et d'arriver où j'en suis aujourd'hui.

Les objectifs sont impuissants sans ça

J'aimerais parler de vos objectifs à présent. Je pense qu'ils participent grandement à l'atteinte de votre liberté mais ils ne sont pas au centre de votre motivation et je vais vous le prouver.

Déjà, un objectif trop élevé, trop flou et lointain, s'appelle un rêve. Si c'est ça que vous voulez, alors retournez vous coucher car il se réalise seulement durant notre sommeil. Un objectif est une situation précise, optimiste, réaliste et qui a une durée limitée pour être atteinte. Cela ne signifie pas que vous devez coûte que coûte l'atteindre et que si vous n'y arrivez pas vous êtes un perdant. Un objectif est une vision à avoir et il y a un fossé entre ceux qui en ont une vague idée et ceux qui l'ont écrit et le lisent chaque matin.

C'est important de définir des objectifs mais laissez-moi vous montrer qu'ils ne sont pas aussi puissants que l'on croit. Comment expliquez-vous que certaines personnes ont des objectifs titanesques et les atteignent plus rapidement que prévu tandis que d'autres ont des objectifs minuscules et n'y arrivent jamais ?

L'importance et la vision de votre « pourquoi » sont la clé de votre réussite. Si vous avez une profonde et urgente envie de réaliser vos objectifs, peu importe leurs difficultés, vous les atteindrez. Je parle ici d'un travail mental à réaliser au quotidien, une façon de penser qui ne vous quittera jamais. S'il vous arrive parfois de trop penser, c'est certainement que vous ne réfléchissez pas assez. Offrez-vous le luxe de réfléchir à votre raison profonde de vous lever chaque matin jusqu'à ce que vous n'en ayez plus la force.

J'ai parfois atteint des points dans ma vie où mes activités entrepreneuriales me rapportaient moins et je cherchais des solutions pour gagner plus. Je faisais fausse route. J'étais devenu rentier immobilier et je commençais à gagner pas mal de dividendes avec mes actions en bourse. Je ne voyais plus trop l'utilité de travailler et ça se reflétait dans mes résultats. Je commençais à tourner un peu en rond et j'ai compris que je devais faire évoluer mon "pourquoi". Ma raison est maintenant encore plus forte qu'auparavant et quelques mois après avoir repensé ce "pourquoi", mon entreprise a réalisé une hausse des bénéfices de plus de 500%. Je venais de comprendre que mon devoir était maintenant d'aider ceux qui aspirent à plus de liberté financière. Cette raison est plus forte que la course à l'argent pour moi car je sais que je n'en manquerai plus jamais.

Pour terminer ce chapitre sur une note philosophique, je dirais que la quête de l'enrichissement n'a jamais été néfaste à condition de ne pas perdre le contrôle de cette envie.

Chapitre 3

Les effets de levier

Puisque j'ai évoqué les freins à votre enrichissement et la manière de les lever, il est important que je traite également des effets de levier et vous mette en garde contre leurs excès éventuels.

L'effet de levier est bien connu de ceux qui manutentionnent des objets lourds, comme d'énormes pierres : un levier bien placé permet de soulever une énorme charge que l'individu qui tient le levier ne pourrait soulever seul à la simple force de ses mains. Le levier décuple la force exercée… s'il est bien utilisé. De la même manière, l'effet de levier permet de dépasser le frein à l'enrichissement en démultipliant notre temps et nos compétences ou en les décorrélant de nos revenus.

Je m'explique concrètement. Dans le domaine de l'entrepreneuriat, un consultant peut appeler un à un ses clients ou ses prospects pour passer un message, toujours le même. Ou il peut enregistrer son message une seule fois et l'envoyer à de multiples clients sans y consacrer plus de temps.

En immobilier, le levier consiste à emprunter à une banque et à faire rembourser votre prêt par le locataire. Vous n'immobilisez pas vos fonds propres, donc vous n'êtes plus limités par votre épargne pour investir.

En bourse, l'effet de levier sera de conforter une position prometteuse en empruntant de l'argent pour acquérir plus d'actions. Les effets de levier sont puissants. Mais j'insiste : prudence ! Un levier mal utilisé peut vous broyer les doigts ou, dans le cas de la bourse ou de l'immobilier, vous appauvrir brutalement. Si vous empruntez beaucoup et perdez un peu, vous perdez un peu sur beaucoup… donc vous perdez beaucoup. Exemple : vous avez 1 000 € investis avec un effet de levier de 10. Si vos investissements en bourse prennent 10% de valeur, alors multipliés par 10, vous aurez doublé votre capital. Cependant, le processus inverse, une perte de 10%, vous fera perdre la totalité de votre capital !

L'ignorance coûte très cher

J'ai déjà évoqué la solution pour minimiser le risque : il faut se former avant de se lancer dans une aventure de cette nature. D'une manière générale, la formation est LA solution.

Je me répète, mais vous devez comprendre que le but de ce livre n'est pas de vendre un rêve, qui consisterait à gagner beaucoup d'argent en ne faisant rien du tout. Mon but est de bien gagner ma vie en travaillant le moins possible afin de conserver du temps pour d'autres activités professionnelles et pour mes loisirs, et c'est cet objectif que je souhaite partager avec vous. La réussite passe par certains apprentissages, pour éviter les erreurs des débutants. Dont celles que j'ai commises. Je vous comprends parce que j'ai été ce débutant impatient, peut-être comme vous aujourd'hui.

Je ne suis pas un professionnel reconnu par une école ou un établissement financier, mais un particulier qui vit pleinement de ses investissements. Je veux partager mon expérience avec vous et rendre l'investissement accessible à toutes les personnes ambitieuses, de manière à faire travailler l'argent pour nous, alors que depuis notre plus tendre enfance, nous sommes formatés et on nous apprend l'inverse : à travailler pour l'argent.

La pyramide de l'indépendance financière

Pour illustrer mes dires, je vous propose d'identifier dans un premier temps où vous en êtes dans les étapes de la pyramide de l'indépendance financière.

À sa base, vous avez l'étape de la « Survie ». Elle réside dans le fait que vous avez simplement de quoi vous nourrir et vous loger. Peut-être qu'à ce stade, des personnes sont endettées et ont du mal à joindre les deux bouts. Il est possible que certaines personnes n'aient même pas ça mais j'estime que si vous avez ce livre entre vos mains, vous n'êtes pas en dessous de ce niveau.

La seconde étape est le « Contrôle ». À ce niveau, vous avez plus de contrôle sur vos finances, vous n'avez pas de crédit pour des passifs tels qu'une télévision qui fait la moitié de votre salon ou une voiture qui sort de la concession. Le contrôle est aussi un point mort où vous n'avancez ni ne reculez dans votre stratégie d'enrichissement. C'est la plupart du temps le cas des salariés et fonctionnaires qui travaillent pour l'argent et vivent avec peu d'épargne. C'est une situation très risquée car généralement nous n'avons qu'une seule source de revenus et elle dépend d'une activité qui ne passionne pas tout le monde.

Ensuite, vous avez la case de « L'indépendance financière ». C'est celle où votre revenu ne dépend plus d'un patron mais de vous-même. Généralement, ceux qui passent de la case salariée à indépendant sont ceux qui continuent à avoir la même activité que celle qu'ils avaient au sein d'une entreprise mais ils l'exercent maintenant en indépendant. L'atteinte de l'indépendance financière est un soulagement jusqu'au jour où nous nous rendons compte que nous devrons assurer notre propre retraite et que nous ne pourrons peut-être pas faire ce métier jusqu'à nos vieux jours.

Cette clairvoyance se traduit par l'échelonnement à l'étape de « Conscience ». Vous avez pris conscience qu'il faut faire travailler votre argent pour vous le plus rapidement possible dans le but de ne travailler que par envie et non plus par obligation. Progressivement, vous développez vos premières sources de revenus alternatives jusqu'à ce que vos revenus passifs prennent le dessus sur votre source principale. Vous êtes maintenant au sommet de la pyramide, avec ceux qui font travailler leur argent pour eux. Vous êtes enfin libre financièrement.

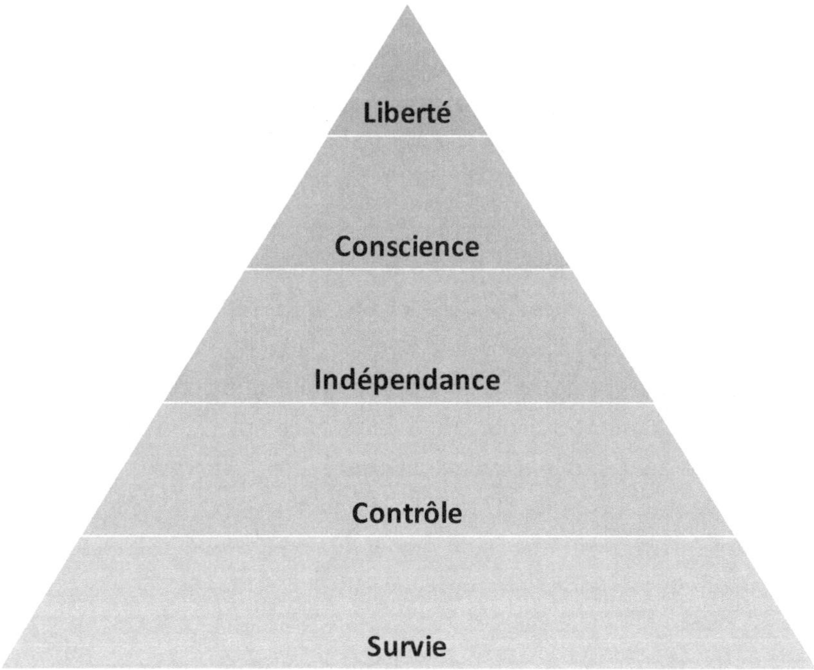

Chapitre 4

Contrôler vos finances personnelles

Vous l'ignorez peut-être mais vous êtes votre meilleur conseiller en patrimoine. Pourquoi ? Parce que personne ne connaît mieux que vous vos envies, vos souhaits. Un professionnel, banquier, conseiller, gestionnaire de fonds ou un proche… n'en sait pas autant sur vous.

Un investisseur doit prendre des décisions mais surtout, il doit les comprendre. Il ne faut pas suivre bêtement les conseils, même les meilleurs qui soient. N'oubliez jamais qu'un professionnel va toucher une commission s'il vous incite à vous lancer dans l'achat d'un bien ou d'une action. Son intérêt peut différer du vôtre. Or, il travaille pour lui avant de travailler pour vous. Et sa prestation a un coût qui peut fortement impacter vos gains.

Si vous fonctionnez seul, sans frais - et ils sont très élevés, sinon -, vous générerez plus facilement de l'argent : gagner dix seul vaut mieux que gagner quinze avec un conseiller qui va prélever six ou sept. Ces frais conséquents rognent considérablement votre rentabilité.

Les investisseurs qui comprennent bien ce qu'ils font atteignent plus vite leur objectif.

Bloquer l'appauvrissement

Comment ne jamais s'appauvrir ? Gérer nos revenus pour ne jamais régresser, cela s'apprend. J'ai vu des gens adapter leur train de vie à leurs revenus très élevés et c'est souvent l'erreur que commettent les entrepreneurs et les nouveaux riches. Lorsque leur business rencontre un creux, leur mode de vie ne régresse pas, par obligation et par habitude, ce qui engendre un sentiment d'inconfort et de mal-être et ils peuvent vite s'endetter. Il faut caler votre niveau de vie sur les revenus de vos investissements, pas sur l'ensemble de vos revenus. Et utiliser les revenus de votre activité principale pour investir, afin de vous nourrir de vos placements.

La différence comportementale majeure entre ceux qui s'enrichissent et ceux qui s'appauvrissent réside dans leur manière d'acquérir des actifs ou des passifs. Les passifs, ce sont toutes ces choses qui sortent de l'argent de votre poche. Des achats à limiter car c'est ce qui peut rendre n'importe qui pauvre s'il ne se maîtrise pas et achète à outrance. Cependant, il ne faut pas se forcer à épargner mais chercher à gagner plus, c'est bien moins douloureux.

Si l'on achète une belle voiture neuve, on se sentira heureux et puissant durant une certaine période, mais ce sont celles qui perdent le plus de valeur, rapidement. Si on place cette même somme, par exemple comme apport pour un investissement immobilier, les revenus locatifs de ce bien nous permettront de louer une plus belle voiture encore et d'en changer à volonté sans décote de son prix. Psychologiquement, louer n'est pas posséder, mais le plaisir d'être dedans, au volant, est bien le même. C'est cette différence de comportement qui, à n'importe quel moment, peut faire régresser quelqu'un, dans la gestion de ses finances.

La première fois que j'ai acheté un billet d'avion en business class, je savais que je pouvais me le permettre et pourrais toujours me le permettre ensuite. Je n'ai pas brûlé les étapes. Si vous vous demandez si c'est le bon moment d'acheter ceci ou cela, la réponse est simple. Si l'achat de cet objet ou ce service est indolore, alors c'est que c'est le moment. Si au contraire vous pensez que cela va engendrer de l'inquiétude, alors repoussez cet achat à plus tard.

Il ne faut pas adapter son style de vie en vue de se faire passer pour plus riche que l'on est. Le but de ce livre est de devenir riche, vraiment, pas de le faire croire. Ne devenez surtout pas prisonnier d'une compétition de consommation, pour avoir la plus belle voiture de votre cercle amical ou autre. En achetant des passifs, vous ne trouverez pas l'accomplissement. La compétition est vaine, nous sommes toujours le pauvre de quelqu'un. Trouvez d'autres objectifs qui apporteront des rentrées financières. Ne vous comparez pas aux autres, vivez comme vous l'aimez et transmettez ce que vous savez à ceux qui veulent apprendre, vous vous épanouirez.

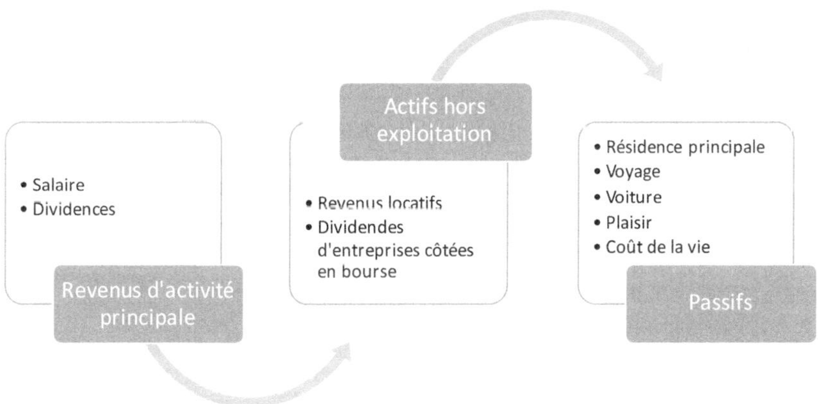

Fonds de sécurité

Une erreur principalement commise par les débutants est le fait d'être beaucoup trop attaché émotionnellement à leur argent, et je le comprends, surtout si c'est de l'argent sur lequel on compte à court terme. C'est pour cela qu'il est vital de se constituer un fonds de sécurité. Cela permet de prendre des décisions stratégiques et non émotionnelles. Ce fonds constitue une épargne disponible pour gérer d'éventuels imprévus, de l'ordre de six mois de dépense d'avance, pour ne pas avoir à prendre de décision à court terme et rester concentré sur le long terme. Acheter des actions dont on sait qu'elles rapporteront de l'argent un jour, dans un an, pas dans un mois. Sans fonds de sécurité, on gère à vue, on ressent du stress au moindre imprévu et certains vont revendre un appartement ou des actions à perte pour faire face à un problème ponctuel. L'investissement est un moyen de se sécuriser et de dégager un revenu confortable sans y impliquer trop de temps. Le meilleur investissement est celui qui vous rassure à l'idée d'acheter cet actif. Pour ce qui est de gagner de l'argent rapidement en acceptant plus de risque, on appelle cela de la spéculation. Ce n'est pas péjoratif ni mal, c'est simplement une branche plus risquée de l'investissement qui n'est pas celle que j'ai choisie.

Beaucoup craignent de perdre de l'argent quand l'immobilier ou la bourse baisse, mais on ne perd rien tant qu'on ne vend pas. C'est seulement si vous avez besoin d'argent rapidement que vous devriez vendre. Et là, c'est une erreur. Il ne faut investir que de l'argent dont on n'a pas besoin pour vivre, au moins à moyen terme.

L'immobilier ou la bourse ?

Faut-il commencer par investir en bourse ou dans l'immobilier ? La question revient souvent. Ma réponse sera nuancée : chacun d'entre nous a un profil, un besoin prioritaire et un niveau d'acceptation et une perception du risque différents. De ce fait, il n'y a pas de solution universelle mais une réponse adaptée à chacun d'entre nous.

Cependant, l'immobilier est beaucoup plus établi dans l'esprit du grand public qui y voit une valeur refuge par excellence. Petit souci : les gens veulent devenir propriétaires de leur résidence principale et ce n'est pas forcément le bon réflexe d'un investisseur. Dans une logique d'investissement, il est préférable de ne pas acheter sa résidence principale, sauf à être en mesure de ne pas emprunter pour cela, sinon, cela réduit votre capacité d'emprunt pour investir dans des biens en location. Car oui, l'immobilier nécessite de faire appel à une banque, contrairement à la bourse. C'est la différence essentielle, qui peut pousser chacun à choisir de débuter avec l'un plutôt qu'avec l'autre.

En se lançant dans l'immobilier, on doit accepter mentalement d'avoir un crédit, car ce sont tout de suite des sommes importantes. Tandis que l'on peut se lancer dans la bourse avec seulement mille euros. Emprunter et devoir de l'argent alors que dans votre démarche d'investisseur, vous recherchez l'indépendance financière... cela peut dérouter. Mais c'est un détour que je vois maintenant comme un accélérateur.

Deux façons de vous enrichir

Dans les deux cas, immobilier ou bourse, il existe deux manières de s'enrichir. Le premier moyen de s'enrichir consiste à acquérir puis à conserver l'actif, le logement ou l'action, afin de percevoir loyers ou dividendes.

Le deuxième moyen de s'enrichir consiste à acheter et revendre un bien immobilier ou une action en empochant un bénéfice.

Le point qui me pose problème dans la deuxième option, c'est que cela nécessite d'y consacrer plus de temps et d'énergie, génère plus de stress et impose une certaine volatilité des prix d'échanges. Le tout avec une fiscalité moins avantageuse que si l'on perçoit tranquillement un loyer ou des dividendes. Et puis on paye des frais à l'achat et encore à la revente, à un courtier s'il s'agit d'actions ou à un agent immobilier et un notaire s'il s'agit d'un bien. Je privilégie donc la première option. Mieux vaut acheter un bon actif, le garder et le faire fructifier. Si le prix de l'immobilier ou de l'action baisse, vous ne perdez rien en ne vendant pas. Il suffit de patienter, ces deux domaines sont régis par des cycles composés de phases à la baisse ou à la hausse, tout est histoire de patience. Les personnes impatientes payent les personnes patientes.

Je recommande une stratégie de conservation des actifs pour générer des revenus en faisant travailler l'argent pour nous, pas de se lancer dans un nouveau métier en y consacrant beaucoup de temps et d'énergie.

Si j'en reviens à la question initiale, il n'est pas préférable intrinsèquement d'investir en immobilier plutôt qu'en bourse ou l'inverse. Quelqu'un qui cherche un revenu régulier ira vers l'immobilier tandis que quelqu'un qui cherche un revenu conséquent avec plus de volatilité mais avec moins de gestion optera plus volontiers pour la bourse. Tout est question de profil, de besoins, de stratégie. Pour ma part, j'ai commencé par l'immobilier puis je me suis dirigé vers l'investissement en bourse. Les deux me conviennent car ils ont tous les deux leurs avantages et inconvénients.

L'argent et le bonheur

À propos de revenus, combien doit-on gagner pour être un retraité heureux ? Cette notion est subjective, ma définition de la richesse, c'est notre balance entre le temps et l'énergie disponible pour réaliser nos projets ainsi qu'un revenu hors exploitation qui supprime la peur de manquer d'argent.

Comme l'affirme Confucius : « Choisis un travail que tu aimes et tu n'auras pas à travailler un seul jour de ta vie ».

D'après une étude sur « L'argent et le bonheur » de Daniel Kahneman, prix Nobel d'économie 2002, et de son collègue Angus Deaton, au-delà de 4 900 € par mois, notre bonheur ne s'accroît plus et peut même s'altérer. Je pense que cette somme est idéale pour s'assurer un niveau de confort raisonnable… mais ce n'est aucunement une raison pour se brider ! Le but est de s'accomplir pleinement. Plus on va pratiquer ce qui nous rend vivant, plus cela va générer de revenus. Ce serait idiot d'arrêter de faire quelque chose que l'on aime car on dépasse ce revenu. Puis en 2002, le pouvoir d'achat de 4 900 € n'était pas le même qu'aujourd'hui, alors ne vous focalisez pas sur un chiffre mais sur une notion d'accomplissement.

Il ne faut pas « pourchasser » l'argent comme un objectif mais le percevoir comme un outil qui va nous permettre d'accomplir ce que nous désirons. Là réside la sagesse de l'investisseur. L'argent n'est pas une finalité mais une conséquence à un apport de valeur. Plus vous apporterez de valeur, plus vous gagnerez d'argent.

Un jour, lors d'une interview, on me demandait si ça ne me rend pas mal à l'aise de gagner autant d'argent alors que beaucoup recherchent simplement un emploi. J'ai répondu que je n'étais pas responsable de ce chômage et que mon activité et mon but sont d'aider des personnes à se créer leur propre emploi et d'investir pour apporter de la valeur aux autres. Plus j'apporte de valeur, plus je reçois de l'argent en échange. L'argent n'est qu'un moyen de mesurer et d'échanger de la valeur. Je suis très heureux de recevoir autant d'argent non pas pour le dépenser mais, car de nombreuses personnes me font confiance, pour leur apprendre à améliorer leurs finances.

Je me fais arnaquer quotidiennement et j'aime ça

Si le fait de gagner beaucoup d'argent vous rend mal à l'aise, c'est parce que vous ne vous faites pas arnaquer par vos clients. Si vous vendez un produit ou un service à quelqu'un et êtes mal à l'aise, c'est que vous n'apportez pas assez de valeur. À l'inverse, si quelqu'un s'intéresse à votre offre et qu'au lieu de vendre, vous avez le sentiment d'informer, alors vous aurez des clients très heureux de faire une bonne affaire. Ce livre en est le parfait exemple. Je vous apporte des années d'expérience et ma réflexion sur ma vision de l'argent pour une somme ridicule. Je suis très heureux de partager cela et vous l'êtes certainement d'apprendre, d'autant plus pour le prix qui est ridicule par rapport à sa valeur. Nous reviendrons plusieurs fois sur ces notions de prix et de valeur au cours de ce livre. Le prix est ce que vous payez, la valeur représente ce que vous recevez.

Chapitre 5

Devenir rentier immobilier

Pourquoi investir dans l'immobilier ? Comprenez ce qui vous pousse à investir, afin de toujours entretenir vos motivations. Les raisons sont aussi diverses que les profils des investisseurs :

- Sécuriser un patrimoine
- Faire fructifier l'argent qui dort (vu les très faibles taux d'intérêt actuels)
- Vivre des loyers perçus
- Léguer un patrimoine immobilier aux enfants, qui s'autofinancera par les loyers

Pour ma part, je voulais dissocier mon temps de travail de mon niveau de revenus. Vivre bien en travaillant moins, pour résumer.

Il existe des mythes très répandus sur l'immobilier :

1. **Je n'ai pas assez d'argent, c'est réservé aux riches.**

Faux ! C'est avec l'argent des banques que l'on investit et s'enrichit, pas avec nos fonds propres. Si vous préparez bien votre dossier, vous pouvez obtenir un crédit immobilier à 110%, ce qui vous permet d'acquérir le bien, frais de notaire compris, mais aussi de le rénover et de le meubler. Puis de percevoir votre premier loyer sans avoir dépensé un euro personnel.

2. **J'ai peur que le marché se dévalorise, mon bien vaudra moins que le prix que j'ai payé.**

Faux ! Comme pour la bourse, on ne perd que si l'on vend quand le marché baisse, il suffit de patienter. Nous sommes de plus en plus nombreux sur Terre, il faut bien loger tout ce monde. D'où ma stratégie de conserver les actifs. Laquelle impose d'être patient et d'en avoir les moyens, grâce au fonds de sécurité. Puis, si un bien vous rapporte de l'argent tous les mois, la seule raison qui devrait vous pousser à le vendre c'est de pouvoir en acquérir un autre encore plus rentable.

3. **Les locataires ne paient pas et ils squattent notre bien.**

Faux ! Il y a environ 2% des Français qui rencontrent des difficultés pour payer leur loyer dont une moitié de bonne foi, qui se débrouillent pour finalement régler leur dû en retard. Ce qui signifie qu'il y a à peine 1% de mauvais payeurs. On peut s'en protéger avec une assurance contre les loyers impayés. On peut aussi demander plusieurs mois de loyers d'avance au locataire, ou de solides garants vers qui se retourner si le locataire ne paye plus.

Dans le cadre d'une colocation, il est possible de faire signer une charte dite de solidarité, qui fait que si un colocataire ne paie pas sa part, les autres la doivent d'office, solidairement.

Certaines agences proposent d'office l'assurance contre les impayés, comprise dans leurs frais. Comme on peut déduire cette assurance de nos impôts, cela n'impacte aucunement le rendement net.

4. **Ce que je vais gagner en loyers, je le repayerai en impôts.**

FFaux ! Déjà, on ne paye pas d'impôts sur l'ensemble du loyer mais sur ce qui en reste une fois les charges payées. On peut déduire des frais de gestion, d'assurance, de rénovation et même échapper un certain temps à tout impôt en utilisant certaines niches fiscales. D'une manière générale, je dirais que si l'on cherche à ne jamais payer plus d'impôt, il est préférable de ne rien faire. C'est parce que vos revenus augmenteront que vos impôts augmenteront.

En revanche, il existe des risques dans l'immobilier. Le but de ce livre n'est pas de vous pousser à acheter un bien rapidement, il faut avant tout comprendre que n'importe quel investissement comporte un risque. Le « métier » d'investisseur consiste à peser ce risque face aux avantages attendus, avant de choisir et de s'engager en conscience.

Les risques de l'immobilier

Le risque principal consiste à tout vouloir faire soi-même pour minimiser les frais. C'est un tort, personne n'est à la fois chasseur immobilier, avocat fiscaliste, gestionnaire de locations, artisan électricien ou plaquiste… c'est l'action de déléguer aux bonnes personnes qui permet de réaliser un investissement intéressant. Sinon, cet investissement peut vous coûter beaucoup de temps et d'efforts, au point de vous dégoûter de l'investissement immobilier. Si vous déléguez, cela vous paraîtra nettement plus facile. Sinon, même si cet investissement s'avère rentable, ce sera lourd psychologiquement et freinera votre enthousiasme à recommencer.

Déléguer génère des frais, mais ils sont déductibles des impôts, pour la plupart. Pourquoi s'imposer des corvées tandis que des professionnels peuvent s'en occuper pour vous ? Personnellement, je préfère payer des artisans pour rénover mes biens plutôt que de payer plus d'impôts et m'occuper des travaux moi-même.

Autre grand risque : écouter aveuglément les agents immobiliers. Aller dans une agence, leur expliquer que vous voulez investir et leur demander de vous proposer un bien. Leur métier ne consiste pas à identifier de bons investissements locatifs, mais à proposer au client un bien conforme aux critères qu'il a définis. Lequel ne sera pas la meilleure affaire. Je ne veux pas généraliser, certains agents immobiliers peuvent s'avérer de bon conseil pour un investissement, mais gardez en tête que chacun exerce son métier spécifique et nul n'est bon dans tous les domaines et ne vous connaît mieux que vous-même.

Lorsque j'ai voulu effectuer mon premier investissement immobilier, j'ai sollicité le concours d'agences. Les agents m'ont demandé quel rendement j'en attendais. J'ai annoncé 10% et ils ont répondu que c'était tout simplement impossible. Je me suis débrouillé et ai voulu retenter l'expérience des années plus tard, étant devenu rentier immobilier. Ils m'ont dit qu'ils seraient curieux de savoir comment j'ai fait. Même en montrant les documents d'achat de mes biens et le montant des loyers, ils ne voulaient pas me croire ou parlaient de chance.

Aujourd'hui encore, on peut obtenir de très bons rendements, même supérieurs à 10%, mais pas sans risque ni patience. Il faut savoir saisir les opportunités lorsqu'elles se présentent.

Les crises immobilières sont des opportunités d'achat

En 2008-2009, à la fin de la crise des *subprime*, les logements saisis et revendus par les banques ne valaient plus grand-chose. Les acheteurs de l'époque ont pu soit réaliser de belles plus-values en revendant quelques années plus tard, soit développer leur patrimoine immobilier à peu de frais s'ils ont gardé ces biens.

Même phénomène au Portugal, où l'immobilier était à moins de mille euros le mètre carré dans la capitale. Ceux qui ont saisi ces opportunités puis sagement patienté bénéficient d'une rentabilité annuelle à deux chiffres. Idem en Espagne, où trop de prêts accordés, puis beaucoup de saisies, ont permis de belles opportunités d'achat. Investir en après-crise en ayant une bonne connaissance de la valeur réelle du mètre carré offre des possibilités extraordinaires, à condition d'être formé.

Le dernier grand risque que j'évoquerai ici sera le fait de vouloir investir trop rapidement. Il faut prendre son temps pour bien acheter, surtout avec l'argent de la banque, que vous rembourserez pendant une longue période. Mal préparé, vous risquez votre chemise.

Ces investissements doivent être les meilleurs pour vous et non pas dans l'absolu. Inutile de vous presser pour réaliser une affaire moyenne, attendez une bonne affaire plus tard, même dans deux ou trois ans. Si vous achetez un bien qui ne s'autofinance pas, les banques ne prêteront plus pour les futurs investissements. Ne perdez donc surtout pas de vue la rentabilité. Le bon investissement sera celui qui vous permettra de gagner au moins un peu d'argent en couvrant entièrement les frais du crédit et les charges du bien. Ainsi, dès ce premier achat et avant même d'avoir soldé le crédit, vous augmenterez légèrement vos revenus mensuels et pourrez emprunter pour votre prochain investissement immobilier.

Cas concret

Prenons en exemple : un appartement vendu 70 000 € + 6 000 € de frais de notaire et nécessitant encore 30 000 € pour le rafraîchir et le meubler, ce qui fait un total de 106 000 €. Il se loue 600 € par mois en courte durée, soit un rendement brut de 7,2% par an. Pour l'acquérir, en empruntant 106 000 €, vous rembourserez 355 € par mois sur 25 ans. Résultat de l'opération : 600 € empochés pour 355 € déboursés, un amortissement du bien, des rénovations, des frais de gestion, des intérêts et l'assurance du crédit nous permettent de ne payer aucun impôt. Cet exemple démontre que l'immobilier est accessible à tous et vous enrichit. Sachant qu'on peut démarrer avec un studio ou un petit appartement proposé en colocation.

Pour un investisseur, ce sont les plus petites surfaces qui s'avèrent les plus rentables. Je préconise de démarrer avec le plus petit investissement possible pour qu'il génère le moins d'émotions possibles, afin de rester en sécurité et de garder la tête froide, le temps de se faire la main avec ce premier bien.

Faut-il s'endetter pour acquérir sa résidence principale ?

Beaucoup de gens se demandent s'il faut acheter ou louer sa résidence principale. Je l'ai déjà évoqué : il n'y a pas de réponse universelle parce que cela dépend de différents critères. Si vous avez une vision et une démarche d'investisseur, il vaut mieux louer la résidence principale afin de garder votre capital et vos possibilités d'emprunt pour acheter du locatif. Les revenus générés par ces actifs s'ajoutant à vos autres revenus vous permettront de louer une plus belle maison et de rester mobile géographiquement.

Mais peut-être avez-vous déjà acquis votre résidence principale au moment où vous lisez mon ouvrage ? Pas de souci, vous pouvez l'hypothéquer ou la vendre, ce qui vous permettra d'emprunter aisément en offrant une garantie supplémentaire à la banque.

Pour beaucoup, le fait d'être propriétaire de sa résidence principale fait de vous un Homme libre qui vit en autosuffisance. Oui, sauf que les propriétaires doivent régler des taxes foncières qui viennent en déduction de leurs revenus, tandis que si vous investissez dans le locatif, toutes les charges viennent en déduction de vos impôts.

Ce n'est pas si mal d'être propriétaire de sa résidence principale mais si vous ne l'êtes pas encore, je vous invite à privilégier l'achat de biens locatifs. Investissez dans ce qui vous rapportera de l'argent plutôt que dans ce qui vous fera sortir de l'argent.

Le plan d'épargne logement

Faut-il ouvrir un plan épargne logement ? Non. Voici pourquoi.

Le PEL est une enveloppe fiscale créée par l'État pour aider les Français à devenir propriétaires de leur résidence principale. Seize millions de

Français ont actuellement un PEL. À l'origine, c'était intéressant. Maintenant, ce n'est plus le cas.

Son but initial était de transformer une épargne en emprunt à un taux plus favorable que la moyenne du marché. Les taux d'intérêt sont descendus à un niveau historique, des États comme la France ou l'Allemagne empruntent même à un taux négatif (on les paye pour emprunter !). Le taux bonifié de l'emprunt adossé au PEL se retrouve désormais supérieur au taux du marché, extrêmement faible. Il n'y a aucune raison d'emprunter à plus cher que ce que l'on peut négocier chez n'importe quel banquier.

Deuxième point, le rendement offert pour cette épargne en PEL était initialement de 4,5%. Il est désormais inférieur à 1%. En outre, cette épargne ne couvre même pas l'inflation donc vous fait perdre du pouvoir d'achat d'année en année.

Troisièmement, cet argent est bloqué quatre ans au minimum. Sinon, il n'ouvre aucun droit au prêt bonifié.

Quatrièmement, avant, lorsque l'épargne se transformait en emprunt pour acquérir un bien immobilier, l'État versait une prime de 1500 €. Elle a été supprimée.

En conclusion, il vaut mieux placer son épargne en PEA (Plan Épargne d'Actions), dont l'enveloppe fiscale est nettement plus intéressante. Des exonérations d'impôt sont possibles après quelques années. Toutefois, pour les personnes qui ont déjà un PEL depuis de nombreuses années, il peut s'avérer intéressant de le conserver. Là encore, il n'existe aucune réponse universelle. C'est au cas par cas.

Calculer votre capacité d'emprunt

Comment acheter un bien qui s'autofinance et dégage même un excédent, le loyer couvrant le crédit et les charges et permettant un revenu supplémentaire ? Voici la démarche à suivre. Il faut :

- Bien estimer votre capacité d'emprunt pour déterminer sur quel type de biens (à quel prix) vous positionner.
- Chercher la bonne affaire qui correspond aux critères que j'évoquerai plus tard.
- Emprunter, ce qui se prépare méticuleusement au sein d'un dossier.
- Rénover, éventuellement diviser et meubler. La location meublée est moins imposée que la location en nu et génère des loyers plus conséquents mais volatils.
- Déléguer la gestion à un professionnel.
- Recommencer ce processus avec un autre bien !

Comment estimer votre capacité d'emprunt, concrètement ? En vous basant sur la règle des 33% appliquée par à peu près toutes les banques. Par exemple, quelqu'un gagne 1500 € de salaire, la banque estimera qu'il sera en mesure de rembourser 500 € de crédit.

On peut faire quoi avec cette somme ? Eh bien, on empruntera approximativement :

- 30 000 € remboursables sur cinq ans
- 60 000 € sur dix ans
- 120 000 € sur vingt ans
- 180 000 € sur trente ans

Il est possible de passer au-dessus de cette barrière des 33%. Déjà, si vous avez suivi mes conseils et bien acheté votre premier bien, vous percevez un loyer qui augmente le montant de vos revenus, donc votre capacité d'emprunt.

Exemple : à vos 1 500 € de revenus s'ajoute désormais un excédent de 500 € mensuels (loyer moins charges), vous gagnez donc mensuellement

2 000 € et pouvez techniquement contracter un nouvel emprunt vous amenant à rembourser 600 € par mois.

Autre solution : vous créez une société immobilière. La plus connue en France est la SCI, Société Civile Immobilière. Un de ses avantages est de pouvoir dépasser votre capacité d'emprunt de particulier, seul ou en vous associant à quelqu'un.

Dernière méthode pour dépasser cette règle des 33% : hypothéquer un bien, sécurisant la banque et facilitant sérieusement l'obtention du prêt.

La bonne affaire

J'ai évoqué la « bonne affaire ». C'est quoi et comment la dénicher ? Elle correspond à toute une liste de critères et en principe, vous ne pourrez les réunir tous sur un même bien, mais le but est d'en obtenir un maximum.

- Premier critère, évident : le prix au m² de ce bien devra être inférieur au prix du marché d'au moins 10%. Il existe sur Internet des sites qui vous donnent le prix du marché actualisé à l'euro près et même quartier par quartier, voire dans telle ou telle rue. En général, si un bien est vendu en dessous du prix du marché, c'est qu'il y a des travaux à entreprendre. Tant mieux ! En tant qu'investisseur, plus il nécessitera d'être rénové, mieux ce sera pour négocier et réduire nos impôts. S'il est délabré, soit vous êtes effrayé, soit vous visualisez son potentiel. Un de mes appartements les plus rentables aujourd'hui sentait extrêmement mauvais quand j'y suis entré. C'était un taudis. De l'eau noire est sortie de la chasse d'eau lorsque je l'ai actionnée. Personne n'y vivait plus depuis quarante ans. Une fois rénové, il s'est loué aisément et à prix supérieur à la moyenne de la ville.
- Vous devez étudier la demande locative locale. Déterminer qui cela va intéresser : dans une zone résidentielle, des familles ; en centre-ville, la demande sera plus touristique, privilégiez de plus petites surfaces ; près des universités, envisagez des colocations pour étudiants.

A cet égard, il n'y a pas de meilleur type de location, de longue ou de courte durée ou en colocation, ils ont tous leurs avantages et leurs inconvénients. Par exemple, le court terme vous demandera plus de temps de gestion, il faudra trouver plus de locataires, mais cela vous rapportera plus. En colocation, les revenus seront plus stables et un peu plus sécurisés. En location résidentielle, vous aurez peu de temps à y consacrer.

Ma stratégie consiste à diversifier mon patrimoine afin de travailler sur les trois domaines. Mais pour débuter, à vous de voir si vous souhaitez y consacrer plus ou moins de temps, ce qui orientera votre choix efficacement.

- Autre critère important : la localisation du bien. Près d'une école, d'un hôtel, d'une gare ? Cela aussi va influer sur le type de location le plus favorable. Je vous donne une astuce : MacDonald's dépense des fortunes pour identifier les meilleurs emplacements. Il est plutôt judicieux d'investir non loin d'un MacDonald's ! L'accès aux transports est également très important : y a-t-il non loin des bus, le métro, une station de taxis ? Cela augmente la valeur locative. Si un parking est associé au bien, ce n'est pas forcément bon signe. Un parking se paye, or certains locataires n'en ont aucunement besoin.
- La configuration du bien a également son importance. Un plan carré est propice à une division. Un bien plus grand mais mal configuré sera moins rentable. Une grande surface que l'on ne peut découper ne présente en principe guère d'intérêt. Un détail compte : la hauteur sous plafond du bien en vente que vous visitez. À partir de 4m20, il est possible de créer un étage au sein du bien et donc de doubler la surface au m^2. J'ai réalisé mes meilleures affaires ainsi.
- Autre indicateur : la vue. Si elle est dégagée, cela impactera la luminosité. Je favorise l'achat de biens qui ont beaucoup de fenêtres et offrent une bonne vue au locataire.
- La surface. Je l'ai déjà indiqué, une surface de 30 à 50 m^2 est plus facile à louer et plus rentable. Si on achète un bien de 100 m^2, on peut un peu mieux négocier le prix, mais il faut déterminer si on peut le diviser afin de le proposer en colocation avec cinq chambres de 15 m^2

(ce sont déjà de belles chambres), 20 m^2 d'espaces communs et deux douches de 2,5 m^2.

- L'étage. A cet égard, je n'ai pas de préférence. L'avantage du rez-de-chaussée, c'est qu'il coûte en principe moins cher, mais il est moins lumineux et un peu plus humide. Il se louera à des gens âgés ou à mobilité réduite. Dans les étages, y a-t-il un ascenseur ? C'est important, surtout si le bien est de qualité, car alors, les locataires ne supporteront pas de monter leurs courses à pied dans les escaliers.
- La location à court terme (par exemple en AirBnb) est-elle autorisée dans l'immeuble ? Certaines grandes villes l'interdisent dans tel ou tel quartier ou tel secteur et des copropriétés la refusent également. Cela fait partie des sujets à éclaircir avant d'acheter. J'ai été confronté à ce cas de figure, un bien qui me convenait parfaitement mais ne pouvait être loué en court terme. J'ai donc renoncé à l'acquérir.
- Le bien est-il associé à une dette ou hypothéqué ? Cela peut être une dette à la copropriété ou au fisc. L'avocat ou le notaire devra vérifier ce point pour vous.
- N'y a-t-il pas un autre usufruitier que le propriétaire vendeur ? Par exemple, une personne tierce autorisée à y vivre jusqu'à sa mort. Cela aussi, le notaire devra s'en assurer. Dans certains pays, c'est le rôle de l'avocat de vous prévenir des risques.

Je m'intéresse par ailleurs aux motivations du vendeur. S'il est pris à la gorge et pressé, une marge de négociation existe certainement. Ou peut-être voudra-t-il rester vivre là six ou sept mois, ce qui peut m'amener à ne pas faire affaire pour choisir plutôt un bien mis en location plus rapidement. Ou alors, je vais négocier le paiement d'un loyer (ou une baisse équivalente du prix de vente) par le vendeur pendant cette période.

On trouve parfois à la vente des biens déjà loués et gérés par une agence. C'est pratique et rentable instantanément. J'ai ainsi racheté deux appartements à des investisseurs et n'y ai pas effectué de travaux ni dû chercher de locataires, ils étaient déjà en place. Cela offre l'avantage de la simplicité… mais c'est aussi extrêmement rare et il n'y a pas de déduction d'impôt suite aux travaux réalisés par l'ancien propriétaire.

Je pense important de revenir sur le critère de localisation du bien, à ne surtout pas perdre de vue lorsque vous prospectez pour investir. Une affaire plutôt moyenne à la base mais qui va prendre de la valeur grâce à sa bonne localisation constituera, à moyen ou long terme, une bonne affaire. La rentabilité immédiate est essentielle, seulement elle peut évoluer et vous risquez de perdre de l'argent à la revente, ce qui impacterait à la baisse vos bénéfices précédents. Comment s'en prémunir ? Même si le risque zéro n'existe pas, quelques conseils vous aideront à mieux analyser et appréhender la situation.

D'abord, observez l'évolution de la population sur les dernières années dans la ville et idéalement le quartier où se situe le bien qui vous intéresse. On trouve aisément ce genre de données sur Internet et gratuitement. Si la population augmente, le prix du m^2 aussi, tout comme celui des loyers.

Deuxième analyse : qui sont les habitants, des étudiants ? S'ils sont plus de 25%, il existe un très bon potentiel de location pour les petites surfaces meublées. Pour information, certaines villes vont jusqu'à 40% de la population étudiante. J'évoque ici la population estudiantine à titre d'exemple mais ce que vous devez comprendre, c'est qu'il faut analyser la population, non pas dans l'absolu mais par rapport à votre stratégie. Voulez-vous acheter un appartement pour louer à une famille ? Une ville peuplée d'étudiants ne vous conviendra peut-être pas dans ce cas. Vous pouvez aussi investir dans des résidences pour personnes âgées ou à mobilité réduite qui nécessitent des installations adéquates.

Dans les grandes villes, il y a beaucoup de passage, plus dans certains quartiers que dans d'autres, ce qui les rend propices à la location de courte durée. Les touristes logent autour des centres d'intérêts (sites, monuments, paysages, commerces) et pas trop loin des restaurants, les étudiants à proximité des facultés, les familles non loin des écoles et des transports, etc. La bonne localisation varie selon la population ciblée. Pour moi, la plus grande rentabilité réside dans la location touristique, qui a connu un formidable essor ces dernières années. Je cherche donc à investir dans des villes à fort potentiel touristique et estudiantin.

Je me renseigne sur la politique de la municipalité en matière d'aides aux étudiants étrangers, notamment avec le dispositif Erasmus. Si ce poste budgétaire est en hausse, la demande locative augmentera.

J'attire votre attention sur le fait qu'en cherchant des biens spécifiques permettant une bonne rentabilité, vous serez en concurrence à l'achat. S'il n'y a pas de concurrence, méfiance ! C'est évidemment un mauvais signe quand il n'y a pas de demande d'investisseurs.

Veillez à investir dans des pays et villes où la législation vous sera favorable, même si cela peut inévitablement fluctuer. Par exemple, certains immeubles sont classés « historiques ». Avantage : si l'on doit refaire la façade, des fonds publics sont débloqués. J'ai vécu ce cas sur un bien : le ravalement de façade a été effectué sans que l'on me prévienne mais surtout sans que je doive débourser un euro.

Certaines municipalités aident aussi financièrement les copropriétaires à rendre un immeuble accessible aux personnes à mobilité réduite. Tout cela est favorable aux propriétaires.

Renseignez-vous sur ce que les habitants pensent des touristes. En France, en Espagne, au Portugal, en Italie… des municipalités réduisent à cinq jours par mois la possibilité de location en courte durée. S'il y a énormément de locations en courte durée et que les habitants s'en plaignent, danger ! Dans ce cas, investissez en périphérie proche plutôt qu'en hypercentre. J'ai investi tout autour de zones historiques, sur le trottoir en face de quartiers protégés. J'ai la même demande que de l'autre côté de la rue mais je peux louer en courte durée toute l'année !

Autre critère à prendre en compte pour ce type de location : il convient d'investir dans une zone où il y a de l'activité toute l'année. Sur une zone littorale qui draine les foules cinq ou six mois par an, y a-t-il une patinoire, des festivals de musique, de grands évènements culturels ou sportifs qui vont amener du monde hors-saison ? Des bains thermaux font venir du monde toute l'année.

Vous voilà un peu mieux armé pour choisir votre futur bien immobilier locatif mais encore faut-il avoir les moyens de l'acquérir.

Comment obtenir un crédit immobilier ?

Rassurez-vous : on ne prête pas qu'aux riches. La banque a besoin de prêter pour gagner de l'argent. Elle en gagne aussi en gérant les dépôts. Quand on dépose un euro, elle peut en prêter dix. Cela l'intéresse donc forcément de vous attirer en octroyant un prêt immobilier pour vous vendre un PEA ou autre produit financier. Moralité : n'hésitez pas à ouvrir un PEA ou un compte titre, même en y plaçant peu d'argent, avant d'emprunter.

Le banquier va d'abord déterminer combien l'emprunteur parvient à économiser chaque mois. La banque est tout comme vous un investisseur. Elle prête de l'argent, mesure le risque et lorsque celui-ci est maîtrisé, elle prête. Elle va donc essayer de comprendre si vous réalisez une bonne affaire en achetant. Si le prix du bien est surévalué, elle prêtera plus difficilement.

Pour cette raison, peu importe votre situation financière, finalement, prouvez à la banque que vous achetez sous le prix du marché et elle vous suivra, sachant pertinemment qu'elle pourra récupérer sa mise en vendant votre bien si un jour vous ne parvenez plus à rembourser le prêt. Acheter une bonne affaire peut convaincre votre banquier de vous suivre, même si votre situation n'est pas stable. Démontrez-lui que vous réalisez vraiment une très bonne affaire et que, même si vous devenez insolvable, la banque ne perdra rien. Argumentez en ce sens si votre situation financière n'est pas stable aux yeux des banques.

Prêt à 110%

Si vous n'avez pas d'apport ou que vous ne souhaitez pas l'utiliser, voici des informations en or que seule la pratique enseigne. Un investisseur qui veut se lancer tête baissée ne connaîtra pas les méthodes de négociation que l'on développera plus tard et se verra refuser sa demande de prêt, peu importe la banque et ce pour une raison assez simple. Si le coût total de l'opération est supérieur à la valeur réelle du bien, alors vous effectuez une mauvaise affaire et la banque aura moins de chance de revoir son argent. Cependant, si vous négociez le prix d'un bien ou qu'il est déjà proposé à un prix intéressant, votre demande de prêt se verra beaucoup plus facilement acceptée.

Pour illustrer ce principe, prenons l'exemple de deux investisseurs. Le premier n'est pas formé et visite un bien immobilier en vente à 110 000 €. Il négocie 5 000 € facilement auprès du vendeur sans utiliser la moindre technique de négociation, simplement en demandant. Il n'a pas comparé le prix du bien avec le prix du marché mais pense avoir effectué une bonne affaire car il a négocié. En réalité, il a simplement obtenu le bien au prix du marché. Les frais de notaire ajoutés à l'opération rendent le coût total de l'acquisition à 114 000 €. Le bien en vaut réellement 105 000. Soit un écart de 9 000 €. La banque analyse l'opération et demande étrangement un apport de 9 000 € à l'opération. Est-ce une coïncidence ? Pas du tout.

Un investisseur formé à la négociation visite le même bien et propose 90 000 € en expliquant que le prix du bien est supérieur au prix du marché et qu'il ne peut pas emprunter plus de toutes manières, car la banque ne lui prêtera pas davantage. Le vendeur accepte et, une fois les frais de notaire inclus, le coût total de l'opération est de 97 900 € soit 7 100 € en dessous de la valeur réelle du bien. La banque ne demande aucun apport et accepte la demande de prêt car elle sait que même si l'investisseur formé n'a pas une situation aussi stable que le candidat précédent, elle pourra revendre le bien et récupérer son argent.

Volontairement, j'ai accentué la marge de négociation pour cet exemple mais, si le vendeur avait fait une contre-proposition à 95 000 €, le prêt serait tout de même accepté car nous avons 7 100 € d'écart.

Aussi, cet exemple n'inclut pas le montant des travaux mais, encore une fois, n'en change pas le résultat. Il suffit simplement de viser un bien moins cher et demander le financement des travaux. Ce budget travaux peut aller jusqu'à 7 100 € dans notre exemple.

	Investisseur non formé	Investisseur formé
Prix de vente	110 000 €	110 000 €
Coût d'acquisition du bien	105 000 €	90 000 €
Frais de notaires	9 000 €	7 900 €
Montant du financement à 110%	114 000 €	97 900 €
Valeur du bien sur le marché	105 000 €	105 000 €
Écart avec la valeur réel du bien	9 000 € au dessus	7 100 € en dessous
Décision de la banque	Refus ou demande d'apport	Acceptation sans apport

Le banquier est votre partenaire

Comprenez les motivations du banquier : sa commission sur un prêt immobilier est faible, tandis qu'elle est plus conséquente sur le nombre d'enveloppes fiscales qu'il ouvre, PEA, PEL, produits financiers divers. C'est donc sa priorité, en toute logique, plus que le prêt immobilier qui n'est qu'une sorte d'appât, surtout avec des taux d'intérêt si faibles qu'actuellement. De ce fait, votre dossier devra être clair, complet, facile à lire et à analyser. Cela aidera votre interlocuteur à le défendre auprès de ses supérieurs et il vous en sera reconnaissant.

L'emprunteur doit par ailleurs faire comprendre au banquier qu'il deviendra client sur des produits financiers s'il obtient ce prêt. Cela mettra de l'huile dans les rouages !

J'ai interviewé un ancien étudiant, Raphaël, qui a souscrit deux prêts étudiants pour investir dans l'immobilier. J'ai également rencontré à une *pool-party* un intérimaire à mi-temps qui a pu acheter deux appartements, placés en location. Il ne travaille plus que six mois par an et voyage, le reste du temps. Même sans revenus, en vous associant à quelqu'un qui en perçoit, au sein d'une SCI, vous pouvez emprunter. La vraie clé, j'insiste, c'est de réaliser une bonne affaire et de le prouver à la banque. Aussi, peut-être que vous vous dites que les prêts étudiants ne servent pas à investir dans l'immobilier et que c'est absurde ! Si vous voulez devenir un investisseur rentable, je dirais que vous devez être plus malin que les banques.

Deuxième point du dossier bancaire : votre situation financière complète et concrète. Certains gagnent bien leur vie mais dépensent tout, voire plus. Un banquier préférera quelqu'un qui gagne moins mais gère mieux et est en capacité d'économiser donc de rembourser. À ce stade, la banque ne tient pas encore compte du loyer qui remboursera votre prêt.

Il faudra apporter des preuves de tous vos revenus : déclaration d'impôts, contrat de travail, un relevé bancaire montrant qu'il n'y a pas de remboursement de crédit en cours. Si vous avez emprunté pour acheter une voiture ou de l'électroménager, il est urgent de solder ce crédit. Sur les six derniers mois, vous ne devez avoir aucun prélèvement apparent lié à un remboursement de prêt. Il faut montrer que vous savez et pouvez épargner, même un peu mais régulièrement. Cela donne à penser que vous saurez rembourser.

Disposer d'une épargne et annoncer que vous ne souhaitez pas l'utiliser en apport est tout à fait positif. Dites au banquier que cette épargne constitue un fonds de sécurité. S'il insiste pour que vous l'utilisiez, expliquez-lui que vous voulez honorer les échéances en temps et en heure et que cette épargne de protection vous le permettra même si vous subissez un imprévu.

Il est facile d'emprunter à 110%. À partir du moment où vous négociez le bien à 20 ou 30% sous le prix du marché, la banque financera volontiers vos frais de notaire et de rénovation, se sentant sécurisée, d'autant que les travaux apportent une plus-value au bien.

Il faut présenter le bien que l'on souhaite acquérir à la manière d'une analyse de marché, en expliquant que le locataire remboursera votre crédit.

Vous aurez ainsi convaincu votre banquier, voire plusieurs d'entre eux, car il faut faire jouer la concurrence. Gardez à l'esprit qu'une banque est une entreprise qui a pour seul but de gagner de l'argent, aucun lien affectif ne vous attache à elle, même si votre interlocuteur habituel est sympathique.

Comment choisir votre crédit ?

SPoint 1 : si vous avez le choix entre plusieurs établissements et propositions, optez pour celui qui accepte de vous prêter 110% du montant de l'acquisition.

Point 2 : quel est le TAEG (taux annuel effectif global) proposé, c'est-à-dire le véritable pourcentage d'intérêts que la banque réclame ? Car aux intérêts annoncés en gros caractères s'ajoutent divers frais (de dossier, par exemple, ainsi que l'assurance emprunteur). Cette assurance payée mensuellement couvre la banque en cas de défaut de l'acquéreur-emprunteur et c'est là que votre banquier va réellement gagner de l'argent. Détaillez bien le montant de cette assurance, par mois et sur l'ensemble de l'échéancier de remboursement.

Choisissez, d'un côté, le prêt au meilleur taux et de l'autre, l'assurance la moins chère, si besoin dans une autre banque ou auprès d'une assurance.

Point 3 : il existe deux types de taux de remboursement, fixe ou variable. Les taux fixes protègent l'emprunteur par leur stabilité tout au long de la durée du crédit, tandis que les taux variables risquent d'évoluer dans le temps mais au début, ils sont souvent plus intéressants (moins chers) que les taux fixes. Le choix de l'un ou de l'autre dépend du profil de chaque emprunteur, prêt à prendre un risque pour tenter de gagner un peu ou désireux de connaître avec certitude le montant du remboursement mensuel. Il n'y a pas un type de taux meilleur que l'autre, dans l'absolu, à chacun son niveau d'acceptation du risque et de la volatilité.

Point 4 : le différé de remboursement, c'est-à-dire le fait de pouvoir commencer à rembourser seulement dans plusieurs mois. Je recommande d'en négocier un en le justifiant par la durée des travaux avant d'installer le premier locataire. Pour ma part, je rénove mes biens en deux à quatre mois et touche le premier loyer entre trois et cinq mois après l'achat. Il n'est pas rare d'obtenir entre 6 mois et 1 an de différé de remboursement.

Demandez la suppression des frais d'anticipation de remboursement. Si, dans votre stratégie, à l'avenir, vous voulez solder vos crédits, vous pourrez le faire sans frais.

Pour son anniversaire, j'ai soldé le crédit immobilier de mon père qui n'avait pas négocié la gratuité de cette anticipation. Cela m'a été facturé 1500 €.

Acceptez la durée d'emprunt la plus longue possible pour minimiser le montant de vos remboursements et augmenter vos bénéfices mensuels. Vous paierez plus d'intérêts, cependant ils seront déduits de vos impôts sur les loyers et vous permettront d'augmenter l'excédent de trésorerie. Une durée de remboursement plus longue vous permettra également d'emprunter davantage. Encore une fois, pas de réponse universelle mais à chacun sa stratégie. Si vous empruntez sur une courte durée, vous pourrez emprunter moins et vos mensualités seront plus élevées, ce qui vous demandera d'attendre avant de pouvoir vivre de vos loyers.

Dernier point : que l'on vous demande le moins d'apport possible. Cela peut d'ailleurs servir de marge de négociation : accepter de verser un apport en échange d'une durée de remboursement plus longue ou d'une acceptation de son prêt, c'est un investissement rentable.

Consultez un maximum de banques et ne baissez pas les bras aux premiers refus, même si on vous en oppose dix. Vous trouverez un banquier qui vous fera confiance et celui-là vous suivra plus facilement par la suite en voyant que cela fonctionne bien pour vous.

Chapitre 6

Négocier l'achat d'un bien puis le rénover

Le meilleur moyen d'impacter positivement votre rentabilité se situe au moment de l'achat du bien. Ne perdez pas de vue ce point essentiel. Il existe ensuite des optimisations fiscales envisageables mais l'achat est absolument déterminant. Quelqu'un qui trouve une affaire moyenne, avec une rentabilité moyenne, sera plus vite limité pour emprunter que s'il réalise une bonne affaire. Vous allez donc devoir négocier et être patient si besoin.

L'achat a un impact à court terme sur la rentabilité mais aussi sur le long terme, quant à votre capacité future d'investir. Y penser vous aidera à sortir de l'émotion quand vous visiterez le bien. Car vous serez « naturellement » dans l'émotion, peut-être trop enthousiaste, peut-être en essayant de montrer que vous n'êtes pas intéressé afin de mieux négocier le prix à la baisse, mais ça risque de braquer le vendeur, pour qui le bien ne représente pas seulement quelques mètres carrés, mais aussi une histoire. Restez le plus neutre possible, précisez que vous êtes un investisseur et que votre offre éventuelle d'achat sera déterminée par des questions et des réponses, puis par des calculs.

Essayez de comprendre les motivations du vendeur. Il n'est pas pressé ? Le prix sera *a priori* peu négociable. Il a acheté un autre bien ou souhaite le faire ? Vous aurez déjà plus de marge de négociation. Demandez à l'agent immobilier ce qui motive la vente, au milieu d'autres questions. Une succession ? Le vendeur, qui a hérité, ne sera pas autant attaché que l'ancien propriétaire à la valeur sentimentale du bien. Et il doit peut-être payer des frais de succession, auquel cas il a besoin de liquidités assez rapidement ou veut simplement s'en débarrasser pour ne plus y penser.

L'art de la négociation est simple. Soyez réactif, prêt à vous décider vite. En terminant la visite, dites à l'agent immobilier,. au vendeur, que vous allez sortir la calculette et que, si cela correspond à ce que vous cherchez, vous reviendrez rapidement vers eux.

Joignez à votre offre d'achat l'acceptation du prêt par la banque, par e-mail, en expliquant que vous ne pouvez acheter plus cher car la banque ne prête pas plus. Le vendeur ne peut négocier puisque c'est un tiers qui intervient ! Il vous suffit d'aller voir votre banquier pour demander une simulation pour un prêt inférieur à vos capacités réelles de remboursement et le tour est joué.

Dernier point, qui incitera le vendeur à accepter une offre un peu basse : mettez-lui la carotte sous le nez mais apprêtez-vous à la lui retirer en définissant un délai court, par exemple précisez que votre offre n'est valable que 48 heures. Même s'il refuse l'offre en l'état, il reviendra rapidement vers vous avec une contre-proposition.

Il faut éviter d'énoncer les points négatifs d'un bien, les agents immobiliers ne sont pas des investisseurs et le vendeur va vite craindre de se faire avoir, ce qui va le bloquer plutôt que l'inciter à baisser son prix. Restez-en aux généralités en indiquant que, par rapport au budget de travaux estimé, en fonction de ce dont vous disposez, vous ne pouvez pas acheter plus cher que tel prix, sans entrer dans le détail. Personne ne se froissera si la raison de la négociation est un blocage de votre capacité d'emprunt.

Votre offre est acceptée par le vendeur

Une fois que le vendeur aura accepté votre offre, il s'agira de signer le contrat de vente officiel, puis un acte définitif, chez le notaire. Lequel vous annoncera alors les étapes suivantes jusqu'à la prise de possession. Il peut exister un délai entre la signature du contrat et le moment où l'acheteur entrera réellement en possession du bien, afin de laisser le temps au vendeur de déménager, notamment. Si le vendeur demande un délai important, cela permet naturellement de négocier le prix à la baisse car cela repousse le délai de mise en location.

À la prise de possession, un relevé des compteurs est opéré. À partir de là, l'acheteur réglera les factures inhérentes au bien.

Pour les personnes qui auraient peur que l'acheteur ne respecte pas la date de prise de possession, le notaire ajoutera, si vous le lui demandez, une clause stipulant les indemnités à verser par jour de retard, l'équivalent d'un loyer. Si l'ancien propriétaire prend plus de temps, vous percevrez cette somme. Donc, pas d'inquiétude ! Les rénovations peuvent commencer dès la prise de possession.

A ce stade, vous savez déjà comment diviser et rénover le bien, vous y avez bien réfléchi en amont et vous avez obtenu les autorisations du syndic pour découper le logement selon le mode de location choisi (colocation, courte durée, division…).

Économiser des milliers d'euros de rénovation

Tout s'articule autour des arrivées d'eau, c'est ce poste de dépense qui peut être réduit sans diminuer la qualité des rénovations. Il faut regrouper les pièces d'eau, en cas de division ou colocation, parce que le montant des travaux aura une répercussion sur la rentabilité de l'opération.

Légalement, la partie habitable par un locataire ne peut être inférieure à 14 m². Dans le cas d'une colocation à cinq, si les cinq chambres ne mesurent que 10 m² et que les pièces communes mesurent 50 m², chaque locataire disposera de 20 m² donc tout est bon. Pour calculer la surface de chaque colocataire, il faut diviser les m² des parties communes par le nombre de chambres et y ajouter les m² de la chambre elle-même.

Plan d'un de mes appartements

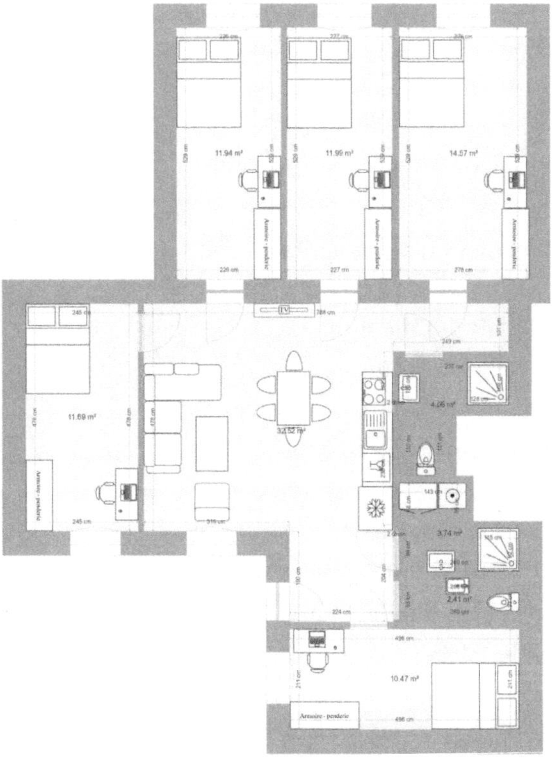

Faut-il assumer soi-même ces travaux ou déléguer ?

Un investisseur débutant sera tenté de dépenser moins en bricolant lui-même mais il en résulte des risques : de détérioration du bien, de danger pour le locataire et de mise en cause de votre responsabilité. Notez que si votre locataire se blesse à cause de la non-conformité des travaux de rénovation, vous en serez seul responsable. Alors que le coût des travaux est déductible des impôts, mieux vaut une rénovation de qualité, par des artisans professionnels, dont le travail est garanti. Votre responsabilité ne pourra être engagée en cas d'accident du locataire.

En outre, ainsi que je l'ai déjà évoqué, il faut déléguer le plus possible pour faciliter le processus d'investissement, l'alléger, éviter les ennuis, le stress. Consacrez-y le moins de temps et d'énergie possible ! Cela facilitera la suite et l'envie de faire de nouvelles acquisitions. Votre temps et votre énergie doivent être consacrés à la réalisation de nouvelles affaires.

Comment comparer les entreprises de rénovation et artisans ?

Je recommande d'en contacter au moins trois et de leur faire visiter le bien en demandant une estimation du coût de rénovation. Ne pas choisir une entreprise parce que son devis est moins élevé ni fuir la plus chère d'office, mais les questionner sur ce qui justifie leur prix, en détail, afin de le comprendre.

D'expérience, je préfère attendre qu'une bonne entreprise soit disponible plutôt que d'en choisir une autre, juste parce qu'elle serait moins chère. J'investis pour gagner de l'argent, pas pour acheter des problèmes ! C'est la qualité qui, sur le long terme, permet de vivre de l'immobilier sans être inondé de problèmes.

Demandez aux artisans s'ils peuvent vous montrer des chantiers en cours ou terminés. S'ils n'en ont pas, fuyez-les ! Soit ils manquent d'expérience, soit ils ne sont pas fiers de leurs réalisations.

Demandez aussi s'ils sont d'accord pour inscrire le principe de pénalités de retard sur leur chantier. Car, pour accepter un maximum de contrats, ils signent le plus possible de devis et donnent priorité aux chantiers qui génèrent des pénalités de retard. Les autres attendent. Ils ont besoin de signer un maximum de commandes pour bénéficier d'une certaine visibilité dans leur planning et peu leur importe de livrer des travaux en retard… sauf si ça leur coûte de l'argent !

Par ailleurs, vous ne devez les régler qu'au fur et à mesure de l'avancement du travail. Payez les fournitures, c'est normal, mais l'entreprise de rénovation ne doit gagner de l'argent qu'à la fin des travaux. Il faut également vérifier l'état financier de l'entreprise de rénovation car certaines sont endettées et se serviront de votre premier règlement pour rembourser leurs dettes et mettre la clé sous la porte ne vous laissant que peu de recours.

Le travail va se dérouler par phases : démolir les cloisons, évacuer les gravats, réaliser les arrivées d'eau, créer la mezzanine, monter les nouvelles cloisons, poser la cuisine, aménager la salle de bains, installer les toilettes, assurer les finitions, nettoyer en profondeur. On peut même demander à certaines entreprises de meubler le logement. Puis, à la fin, on revoit les travaux. S'il s'agit d'une construction, un huissier peut être présent afin de vérifier que tout est aux normes et conforme au travail commandé. Dans le cadre d'une rénovation, l'investisseur vérifie lui-même que tout a été réalisé correctement. Il peut faire appel à une autre entreprise de rénovation pour vérifier les travaux mais, généralement, il y a un délai d'un mois pour rappeler le rénovateur et lui demander de faire le nécessaire en cas de besoin.

Comment meubler son bien pour louer ?

Mieux vaut déléguer ce processus, là encore. Je recommande de faire appel à un décorateur d'intérieur avec des instructions claires et un budget défini. Pour ma part, dans le cas d'un appartement de 80 m² avec cinq chambres, j'alloue 5 000 à 6 000 € pour les meubles et essaie de commissionner l'agence de décoration à frais fixes parce que, si elle se paye sur la base d'un pourcentage du coût global de son intervention, ce qui est en principe le cas, elle aura intérêt à dépenser plus, ce qui va à l'encontre de nos intérêts, nous qui voulons économiser ou, du moins, rester raisonnables.

Cela me rappelle lorsque je vivais à Marbella et qu'une entreprise de rénovation meublait mon appartement et me proposait un bureau fait sur mesure à l'aide d'un bois rare travaillé par un menuisier de renom. La facture était salée car l'entreprise était payée à la commission sur le montant dépensé.

Sur le choix de qualité, je recommande le juste milieu, la gamme moyenne. Le bien sera utilisé, les meubles abîmés. Il ne faudra d'ailleurs pas hésiter à les renouveler, ce sera déductible de vos bénéfices et réduira l'impôt.

Concernant les indications que je donne au décorateur, je privilégie le style scandinave, avec des matériaux nobles, des couleurs claires, majoritairement le blanc pour faire circuler la lumière. Acceptez la couleur dans les éléments de décoration remplaçables, pas sur les murs, afin que le locataire se sente aisément chez lui. Le blanc est neutre, tout le monde peut se l'approprier en fixant un cadre de couleur au mur ou quelques éléments personnels de décoration.

Dans la décoration, j'aime la flore ; quelques plantes, même fausses, donnent de la vie au bien.

Un jour, j'ai revisité un de mes appartements après trois ans de location en courte durée. Il se trouve dans une rue très animée. J'ai découvert des traces d'alcool sur le canapé et la table, blancs, et des traces de chaussures sur le mur le long de l'escalier. Fort de cet exemple, je recommande aux investisseurs de réfléchir aux endroits où l'usure se verra en priorité pour l'anticiper, en prévoyant éventuellement quelques éléments de décoration plus foncés et plus résistants.

Si un locataire abîme du matériel électroménager ou autre, vous avez deux possibilités :

- Faire jouer sa garantie si c'est du gros matériel récent ;
- Faire remplacer par le locataire.

Si le locataire ne change pas le matériel durant sa période de location, vous pourrez utiliser sa caution pour réparer les éventuels dégâts.

J'évoque ici du gros électroménager, pas une cafetière à vingt euros que vous remplacerez vous-même sans perdre de temps en démarches.

Mieux vaut louer en meublé qu'en nu parce que cela permet d'accéder à des niches fiscales et des déductions d'impôts intéressantes pour l'investisseur. Notez que la location de courte durée pour étudiants et touristes nécessite de meubler votre bien.

Chapitre 7

Déléguer la gestion locative

Je conçois aisément qu'un futur investisseur craigne que le fait de payer un professionnel pour gérer son bien ampute la rentabilité du placement immobilier. C'est tout à fait normal de le penser puisque c'est vrai… à moitié ! Parce que, oui, cela génère des frais de rémunérer l'agence pour trouver les meilleurs profils de locataires, rédiger l'état des lieux, éventuellement superviser le ménage et les petits travaux d'entretien. Dans certains cas, on peut même lui demander de s'occuper de la déclaration d'impôts. Ces services ont un coût, sachant que toute peine mérite salaire. Cependant, selon les profils et le choix du statut fiscal, on peut déduire ces frais des impôts en créant un déficit comptable. Surtout, l'agence limitera nos risques en identifiant les bons locataires et elle saura aussi maximiser nos loyers en proposant le tarif le plus élevé du marché.

Si l'on se réfère au plan purement comptable, il est plus ou moins intéressant de déléguer la gestion locative d'un bien à une agence et pour certains statuts, c'est extrêmement favorable. Mais, même pour les autres cas, ceux qui ont peu à y gagner financièrement, cela reste un choix pertinent, afin de rester libre et disponible. Ne pas déléguer revient à se créer un nouveau métier alors que le but de l'investisseur consiste à travailler moins en faisant travailler son argent pour gagner du temps libre.

Mes amis investisseurs de Thaïlande

En 2015, j'ai noué une amitié avec deux investisseurs thaïlandais, Pee et Kubo. Pee possédait plusieurs appartements, Kubo pas encore. Pee ne déléguait pas et voulait que tout soit parfait. Trois ans plus tard, Pee avait toujours autant d'appartements et les gérait toujours tout seul. Kubo en possédait maintenant plus que Pee, en déléguait la gestion et ainsi, gagnait plus que Pee en travaillant beaucoup moins. La leçon de cet exemple, c'est qu'il faut accepter de ne pas tout contrôler et qu'il y ait un peu de casse. Il convient de savoir déléguer, mais à la bonne agence de gestion locative. Ne cherchez pas quelques points de rentabilité supplémentaire au prix de votre liberté.

Comment choisir une bonne agence à qui confier notre bien ?

En achetant mon premier appartement, j'en ai délégué la gestion à l'entreprise qui m'avait trouvé ce bien et qui s'était occupée des rénovations. J'étais satisfait de cette prestation. Seulement, l'entreprise était efficace pour trouver le bon bien mais, pas pour en assumer la gestion.

J'avoue aussi avoir été intéressé par le niveau relativement faible des frais de gestion. J'aurais dû songer que cela pouvait correspondre à un niveau tout aussi faible des prestations proposées, en toute logique, même si je ne veux pas donner à croire que si ces frais sont élevés, c'est que la prestation sera de qualité. Ce n'est pas aussi simple et basique que cela.

Dans mon cas, cette entreprise générait un faible taux d'occupation des appartements, elle vendait peu de nuitées et manipulait les chiffres pour que cela n'apparaisse pas trop et pour rassurer les investisseurs. Surtout, le prix moyen de ces nuitées était bas, ce qui pénalisait sérieusement la rentabilité. En outre, elle ne vérifiait rien quand les locataires quittaient les lieux. Revenant dans un de mes appartements loué depuis un an, alors que j'avais rendu la caution, j'ai découvert l'équivalent de cinq cents euros de dommages. La somme n'est pas conséquente, bien sûr, mais avec une rentabilité si faible, c'était bien plus pénalisant que si les loyers étaient réguliers et élevés. Dans la foulée, j'ai constaté que mes appartements étaient mal notés sur les plateformes d'hébergement de courte durée.

Troisième point négatif : un appartement ne pouvait pas être loué à cause de divers dommages et là où le problème aurait dû être réglé en trois ou quatre jours, la réalisation des travaux a été bien trop longue, de l'ordre de deux semaines. D'où un gros manque à gagner qui aurait aisément pu être évité.

Comme si cela ne suffisait pas, j'avais difficilement accès au planning des réservations et devais me contenter des informations que l'entreprise voulait bien me communiquer. Pour ces raisons, j'ai fini par me résoudre à changer de gestionnaire immobilier.

L'expérience passée m'a amené à chercher une nouvelle agence de gestion qui me facture les frais de ménage ainsi que sa commission au pourcentage et non plus sur la base d'un fixe. Pourquoi ? Prenons l'exemple de deux entreprises qui gèrent chacune un de mes appartements et les louent vingt nuits par mois. Si l'une le loue cinq fois quatre jours, je dois régler cinq prestations de ménage. Tandis que si je paye ce service au pourcentage, cette entreprise cherchera des locataires sur une plus longue durée, diminuant mes frais fixes et augmentant ainsi ma rentabilité. Et dans mon cas, cela peut représenter une différence de 1 400 € par an et par bien. C'est loin d'être anodin.

Il faut demander à ces agences quelles plateformes de location elles utilisent. La plupart du temps, elles utilisent le ou les sites les plus connus pour proposer votre bien aux touristes dans le cas d'une location saisonnière. S'il n'y en a qu'une, c'est peu. Les bonnes agences utilisent un logiciel de synchronisation des plannings de réservation pour toutes les plateformes : quand un bien est loué, la mise à jour de l'ensemble des plannings est instantanée. C'est un outil précieux et efficace. L'agence que vous contactez en dispose-t-elle ?

Les garanties de rentabilité

Certaines agences proposent des taux de rentabilité net garantis, souvent autour de 6%. Cela peut paraître alléchant mais en contrepartie, ces sociétés font ce qu'elles veulent de notre appartement. Par exemple, elles peuvent installer deux ou trois matelas par chambre et le transformer en petite auberge de jeunesse. Ces logements surexploités vont se détériorer plus vite, en toute logique. Je me méfie donc de ces propositions et si vous vous laissez tenter, mon conseil serait de bien vérifier que l'agence s'engage par écrit à réparer le bien en cas de dommages.

Comment se protéger contre les loyers impayés ?

Certains ont peur d'investir de crainte d'être victimes de mauvais payeurs. Je l'ai déjà précisé : les investisseurs ne doivent pas se montrer pessimistes. Ni, *a contrario*, être optimistes à l'excès : un impayé peut bel et bien arriver. Sachez simplement qu'un tel cas sera rare, statistiquement. Mais comment régler le problème ?

Considérez qu'*a priori*, le locataire n'est pas de mauvaise foi, il fait peut-être face à un imprévu. Une grosse réparation sur la voiture, le réfrigérateur ou le lave-linge qui lâche brutalement… et le locataire ne peut assumer le loyer ce mois-là.

Autre cause répandue, le divorce ou la séparation.

Troisième souci : un problème médical qui engendre des frais conséquents ou un arrêt de travail et une baisse des revenus.

Quatrième raison d'un paiement tardif du loyer : la banque est fermée un week-end prolongé précédant ou suivant un jour férié. Le locataire a bien initié le virement le mercredi, seulement, il n'est crédité sur votre compte que le mardi suivant.

Ces exemples servent à vous faire comprendre ceci : quand il y a un souci, il faut le résoudre à l'amiable, si possible. Ne pas s'énerver ni se montrer agressif en considérant que le locataire ne veut pas payer mais comprendre, lui demander ce qui se passe. A contrario, il ne faut pas lâcher trop de lest tout de suite. Ne pas proposer d'entrée de jeu qu'il régularise sa situation plus tard, quand il pourra, mais proposer un étalement en demandant ce qu'il peut vous verser tout de suite et quand il va payer le reste, quitte à accepter un échelonnement.

Par exemple, si vous attendez 1 000 € de loyer et que votre locataire est dans l'impossibilité de régler la totalité ce mois-ci, peut-il régler 500 € ? Sinon, peut-il régler 100 par mois supplémentaire pendant 10 mois ?

Cela étant, c'est en amont de l'impayé que l'on doit se protéger au mieux. Déjà, en choisissant un bon locataire, avec un garant solvable. De ce point de vue-là, mes locataires préférés sont les étudiants. Un simple coup de téléphone aux parents suffit généralement à régler le problème car ils n'aiment pas savoir leurs enfants dans l'embarras.

J'applique un autre critère de sélection à mes locataires : je leur demande plusieurs mois de loyers d'avance et regarde comment ils réagissent. Dans certains pays, on ne peut pas l'imposer, cependant, on a parfaitement le droit de le proposer, puis le locataire accepte ou pas. Si le premier candidat refuse et que le second accepte, je donnerai la priorité au second.

Je n'accepte le paiement des loyers que par virement, aucun chèque, pas d'espèces, et j'exige le respect d'une date fixe, prédéterminée. Je précise que c'est pour ma bonne gestion et non par manque de confiance.

On peut souscrire volontairement une assurance contre les loyers impayés, si la législation locale ne l'impose pas déjà à l'agence qui gère notre bien. Pour ma part, je trouve que la colocation est idéale car, pour les contrats en longue durée, on peut introduire la clause de solidarité entre locataires. Autrement dit, le loyer impayé est prélevé de la caution de l'ensemble des colocataires. Cependant, cela crée une tension au sein des locataires et en cas de dégât matériel, il faudra demander un règlement supplémentaire si le reste de la caution ne suffit pas pour les réparations.

Quand on constate un retard sur le paiement d'un loyer, il faut réagir immédiatement. Si le virement du 5 n'apparaît pas le 5 au soir, j'envoie un message le 6 pour demander si le virement est bien parti. Si je suis confronté à une difficulté de paiement, je demande tout de suite quelle somme le locataire peut virer sur-le-champ et comment on organise la suite du règlement. C'est seulement après cette démarche que je contacte le garant, pour lui annoncer l'existence du problème et quel accord nous avons conclu, le locataire et moi.

Si, après ces procédures, l'impayé demeure, j'entame une procédure de recouvrement. Puis une procédure d'expulsion. Dès lors que le bien est en gestion locative, c'est en principe l'agence qui s'occupe de ces formalités, pas vous. En revanche, il existe une restriction : la clause hivernale interdit les expulsions entre le 1er novembre et le 31 mars.

Même si le locataire est insolvable, l'assurance liée à sa carte de crédit peut vous régler les loyers impayés. Un huissier contactera la banque du locataire pour présenter un commandement de payer et le compte du locataire sera débité de la somme. Si son solde créditeur s'avère insuffisant, son assurance avancera les fonds.

Si vous parvenez à régulariser la situation et à récupérer le loyer impayé, et que le locataire est toujours en place, imposez-lui immédiatement un virement automatique pour les futurs loyers. Que vous pouvez d'ailleurs parfaitement solliciter d'office, dès la signature du bail, sans attendre un incident de paiement.

Une journée riche en émotion mais sans regrets

J'aimerais terminer ce chapitre avec une histoire personnelle. Un jour, alors que je me préparais à rejoindre mes amis au restaurant, je reçois un appel de l'agence de gestion en charge de mes appartements. Je suis étonné car ils ne m'avaient jamais appelé jusqu'à présent. Ils m'informent que les locataires d'un de mes biens avaient quitté les lieux avant l'état des lieux qui doit être fait à la fin du contrat de location.

Ces locataires venaient de l'étranger et avaient littéralement détruit mon appartement. En même temps que j'apprenais la nouvelle au téléphone, je recevais les photos de l'état actuel de mon appartement. Les meubles étaient réduits à l'état de planches de bois, cassées et encastrées dans la salle de bain. Les chaises, les tables, le canapé étaient eux aussi détruits. Les lits avaient servi de cendrier et la porte d'entrée et les fenêtres avaient toutes les poignées cassées.

L'agence de gestion m'a dit qu'elle ne savait pas ce qui s'était passé et que les locataires ne répondaient ni par e-mail ni par téléphone. L'agence de gestion n'a pas prélevé la caution au début du contrat de location se laissant endormir par « on vous l'enverra bientôt ».

L'assurance ne me couvre pas dans ce type de cas car ce n'est pas un accident ni une violation du domicile la porte ayant été cassée depuis l'intérieur de l'appartement comme le laissent imaginer les coups sur la porte d'entrée. J'apprends également que 3 mois de loyer n'ont pas été réglés. Le coût total pour les réparations s'élève à environ 9 mois de loyer. Comme vous le voyez, je raisonne en loyers et pas en montant.

Même si cette expérience n'est pas mon souvenir préféré, il en reste une bonne leçon. Je ne devais pas choisir d'agence de gestion pour ses faibles frais mais pour sa qualité de suivi. Avec du recul, j'accepte de plus en plus le fait que l'immobilier n'est pas sans défaut et qu'il implique un minimum de suivi et d'investissement en temps.

Ne lâchez jamais totalement prise sur le management de vos biens, sauf si vous avez une confiance aveugle dans l'agence de gestion et des raisons de le faire.

Chapitre 8

Savoir dépasser la peur du premier achat

Contrairement à beaucoup d'autres activités, l'investissement immobilier présente des inconvénients, mais il apporte une liberté financière. Cela se construit par le passage à l'action le plus vite possible. Le plus tôt sera le mieux. Reporter son premier investissement crée un manque à gagner, de mois en mois. Et plus l'investisseur attend, plus l'inflation dévalorise son capital. Son pouvoir d'achat diminue.

En outre, plus le temps passe, plus les dettes faramineuses des principaux États et des banques s'accroissent. En cas de crise grave, des lois ont été adoptées, un *buy-in* sera lancé. Concrète-ment, l'État et les banques se refinanceront avec le solde des épargnants !

En qualité d'investisseur, j'ai plus peur de ne pas investir que de commettre des erreurs d'investissement. Et ce qui m'a beaucoup aidé à dépasser ma peur du premier achat, c'est d'investir moins que ce que je pouvais et pensais initialement. Cela permet d'être davantage connecté à une vraie stratégie et de laisser de côté les émotions. Le but de ce premier investissement est de dépasser la peur et d'acquérir de l'expérience, pas de devenir autonome financièrement d'un coup. Il faut aussi apprendre, se former, ce qui va contrer la peur et aider à franchir ce premier pas essentiel.

La peur de l'inconnu

Je donne des formations sur l'investissement immobilier et lorsque j'ai des retours de participants à mes formations, je constate que le plus important, pour eux, est bien de franchir ce cap. Certes, vous pouvez craindre de ne pas trouver de locataire et de vous retrouver avec un bien vide sur les bras. Passez donc une fausse annonce et observez ce qui se passe, cela vous rassurera. Et s'il n'y a pas ou peu de réponses, recalculez votre opération sur la base d'un loyer moins élevé jusqu'à ce que vous ayez assez de demandes pour être rassuré.

Dans quoi investir ?

Vous vous demanderez peut-être dans quel type de biens investir : maison, villa, appartement ? Cela dépend de votre stratégie, court ou long terme, colocation, tourisme ou résidents permanents… voire vous lancer dans la promotion immobilière en construisant des maisons ou immeubles, mais ça nécessite des compétences spécifiques. En tout cas, vous entendrez beaucoup de sons de cloche différents sur l'immobilier. L'important consiste à déterminer ce qui est bien pour vous, qui ne l'est pas forcément pour votre voisin, cousin, ami ou autre qui a également investi ou s'apprête à le faire. Ne vous laissez pas trop influencer, acceptez les conseils mais tracez votre propre voie.

Pour ma part, j'ai commencé par des colocations et des divisions d'appartements spacieux en studios indépendants. En premier lieu, pour conserver des loyers accessibles et diminuer les vacances locatives, de manière à stabiliser durablement mes revenus. La construction de maisons rapporte plus, mais cela impose d'investir peut-être plus d'argent, de temps et d'énergie. Or, ma stratégie consiste à vivre de mes revenus immobiliers en y consacrant le moins de temps possible. Aussi, la construction est peut-être un projet ambitieux pour un premier investissement.

Comment trouver la meilleure affaire?

C'est bien de chercher la meilleure rentabilité mais l'excès devient nocif. Louer trop cher fait fuir les locataires et le *turnover* n'est pas bon. J'invite le lecteur à ne pas chercher l'investissement qui va rapporter le plus dans l'absolu mais à identifier celui qui lui convient le mieux selon ses compétences, ses envies et le temps qu'il veut y consacrer. Mieux vaut faire ce que l'on sait faire puis recommencer plutôt que de tout miser sur un gros coup qui peut générer des aléas problématiques et de l'inquiétude.

Les immeubles de rapport

Certains vantent les mérites des immeubles de rapport. Peut-être disposez-vous d'une capacité d'emprunt ou d'un capital conséquent, de nature à financer un immeuble entier, petit ou grand, sachant qu'un immeuble, ça peut commencer avec un édifice abritant deux appartements, ce n'est pas forcément un lot de dizaines d'appartements. Je suis d'accord sur le fait que c'est souvent un investissement intéressant, mais je préconise de débuter par un petit appartement, pour vous familiariser avec le milieu, avant d'acheter un immeuble.

Acheter en lots permet d'obtenir un meilleur prix au m^2. Les découpes sont plus faciles, vous divisez et aménagez l'immeuble entier à votre guise étant le seul maître à bord, sans copropriétaire. Vous définissez vos règles, vous pouvez poser des boîtes à clés près des logements. Comme ils sont tous au même endroit, la gestion s'en trouve simplifiée, donc moins chère si vous la déléguez. Le revers de la médaille, c'est que la diversité de vos investissements est limitée géographiquement.

Acheter tout l'immeuble vous oblige aussi à conserver plus de trésorerie que pour un appartement, parce qu'une marge d'erreur sur le gros œuvre ou la toiture peut vite induire des frais très importants.

Si vous achetez un immeuble, je recommande vraiment de solliciter auprès de votre banquier un emprunt sur une longue durée et avec un différé le plus long possible, au moins un an, si possible plus. Ainsi, si vous devez refaire une toiture, ce qui vous rendra dépendant de la météo, laquelle peut se montrer capricieuse et retarder le chantier, vous ne stresserez pas en cas de retard. Les loyers vous seront versés sans que les échéances de crédit n'aient démarré.

En France, acquérir un bien immobilier passe par un notaire. À l'étranger, c'est en général un avocat qui échangera avec vous. Il vous établira un acte de copropriété, définissant les règles que vous souhaitez instaurer. Et aussi les documents relatifs aux autorisations de découpe et à l'aménagement d'un bien, délivrés par la mairie.

N'hésitez pas à faire appel à un géomètre et à un architecte qui optimiseront l'espace et le feront dans des conditions légales. Choisissez ensuite une entreprise de gros œuvre pour vérifier la structure de l'immeuble et le rénover si nécessaire.

Tout ceci est assez lourd, c'est pourquoi je conseille de débuter avec un petit appartement seul. D'ailleurs, si vous n'avez aucune expérience en immobilier, le banquier sera réticent pour prêter afin d'acquérir un immeuble d'entrée de jeu, même s'il sent que l'affaire est bonne.

Si vous doutez de vos capacités financières ou techniques, n'hésitez pas à vous unir à un ou plusieurs investisseurs plus expérimentés. Vous vous entraiderez et apprendrez d'eux.

L'important n'est pas la taille de l'immeuble, ni son prix, c'est avant tout sa localisation. Sans oublier la disposition des logements et les possibilités de découpe ou pas. L'erreur à ne pas commettre, c'est de réaliser des appartements identiques. Ils se font concurrence et si le modèle se démode, ils deviennent tous obsolètes d'un coup. Mieux vaut varier la taille, la découpe, le mode d'exploitation et la décoration pour instaurer une bonne diversification.

Pour illustrer ces conseils, vous pouvez acquérir un immeuble avec un commerce au rez-de-chaussée, deux studios, deux appartements d'une chambre et un appartement spacieux de 2 chambres au dernier étage. Certains peuvent avoir une décoration type scandinave, d'autres une décoration type industrielle et peut-être même un appartement non-meublé pour varier le mode d'exploitation en nu. Les studios peuvent être dédiés à des étudiants 9 mois par an et être mis en location saisonnière durant les deux à trois mois d'été peut-être ? Aucune réponse universelle, juste une stratégie qui vous conviendra sera la bonne solution.

Comment investir à l'étranger ?

Chaque pays a ses règles fiscales, d'urbanisme, de propriété, etc. On peut obtenir ailleurs une rentabilité supérieure à celle de notre pays d'origine mais, outre les critères de recherche que j'ai évoqués précédemment, il s'en ajoute d'autres.

Par exemple : la situation politique du pays est-elle stable ? Le parti au pouvoir est-il conservateur ou très à gauche ? Entretient-il de bonnes relations avec l'étranger ? Quel est le taux de change ? Ce dernier critère est crucial : est-ce le bon moment de changer avec cette devise ? Est-elle stable ?

Au moment où j'écris ce chapitre, je suis à Bangkok, la capitale de la Thaïlande. Le taux de change euro/baht n'est pas favorable du tout à une conversion de devise. En revanche, c'est le taux de change du forint hongrois qui augmente mon pouvoir d'achat en Hongrie en ce moment. Bref, il faut parfois être patient.

Concernant la fiscalité, n'en restez pas aux règles générales, renseignez-vous par rapport à votre situation précise. N'hésitez pas à solliciter une consultation auprès d'un avocat fiscaliste. Il existe de nombreux accords de « non double imposition », seulement chacun est différent. Les revenus générés par un bien en location peuvent être déclarés dans un pays, toutefois, il se peut que l'autre pays taxe aussi les loyers. Et dans certains pays, selon les biens, ce ne sont pas vos ayants droit qui héritent de vos biens immobiliers mais l'État. Tout cela mérite de creuser le sujet avant de vous lancer, pour savoir où vous mettez les pieds.

Pour financer cette acquisition à l'étranger, vous pourrez emprunter dans votre pays de résidence ou dans le pays où se situe le bien. Ce sera plus difficile d'emprunter en France pour investir à l'étranger car la banque ne peut saisir ce bien, moyennant quoi l'emprunt n'est pas garanti comme elle le voudrait. Quant aux banques étrangères, la plupart du temps, elles voudront connaître vos revenus imposés localement. Or, vous n'en avez peut-être pas.

Dans ce cas, vous pouvez créer une société dans le pays concerné, éventuellement en vous associant avec un résident local pour faciliter l'obtention d'un prêt. Mais attention : il ne faut pas investir dans un pays parce que l'immobilier y est globalement porteur ou réputé comme tel, mais bien analyser le marché, ville par ville et même quartier par quartier, comme vous le feriez en France.

Méfiez-vous des destinations à la mode, comme c'est le cas de Bali parce que les réseaux sociaux en vantent les mérites à tout va et font circuler des photos attirantes. La mode a vite fait de changer et si vous achetez un bien pour le louer aux touristes de passage, quand ils ne viendront plus, vous aurez peut-être du mal à le louer ensuite aux locaux, dont les besoins diffèrent.

Une stratégie intéressante pourrait être d'investir en Asie et en Europe afin de ne pas subir de saison basse. D'octobre à mars, c'est la période haute en Asie, d'avril à septembre, c'est le cas en Europe. Vous aurez ainsi deux saisons hautes dans l'année.

Les locaux commerciaux

Je me dois d'évoquer ici les locaux commerciaux. Ce paragraphe s'adresse à deux types de lecteurs : ceux qui veulent investir uniquement dans des locaux commerciaux et ceux qui songent à acheter un immeuble de rapport comprenant un local commercial, voire plusieurs. Ce qui peut faire peur, alors que c'est un moyen d'acheter l'immeuble moins cher (d'autres investisseurs ayant peur). Cela permet aussi de diversifier l'investissement, ce qui s'avère toujours intéressant.

Les « locaux commerciaux » englobent bien des réalités différentes. Il convient donc de déterminer quel local nous avons à louer et qui va être intéressé. Pour un petit commerce de proximité, l'emplacement est l'élément-clé. Pour un lieu de stockage ou des bureaux, cela aura moins d'importance.

Vous devrez choisir le locataire comme s'il s'agissait d'un partenaire, afin d'éviter le turn over. Mettez-vous à sa place : cet emplacement est-il bon pour lui, par rapport à son activité professionnelle ? Si c'est le cas, cela l'aidera à réaliser des bénéfices corrects, il paiera aisément le loyer et restera durablement.

Une petite surface bien visible vaut plus qu'une grande dans un secteur plus calme, voire caché. J'insiste sur cette notion d'emplacement, essentielle. On a coutume de dire en école de commerce que l'emplacement du point de vente est tout aussi important que le produit vendu. Il faut de la visibilité, du passage, la possibilité de stationner non loin, des transports de proximité, etc.

Si deux locataires potentiels se présentent, privilégiez celui qui a une responsabilité illimitée pour son entreprise. Il devra toujours régler les loyers à titre personnel même si sa société n'en est plus capable.

Le local commercial idéal, c'est 20 m² en hyper centre. Même si le commerçant ne peut stocker sur place, il louera un point de stockage ailleurs. Si le commerçant n'a pas besoin de visibilité, alors vous pouvez vous éloigner du centre-ville mais, d'expérience, ce ne sont pas les plus prisés. Si vous pensez à investir dans des bureaux, alors les critères sont différents.

La grosse différence entre la location aux particuliers et aux professionnels, c'est la restauration du bien. Chaque professionnel voudra adapter le local à son activité. C'est lui qui va payer les travaux d'aménagement spécifique et ce sera tout bénéfice pour vous.

Autre avantage : les baux commerciaux sont généralement de 3, 6 ou 9 ans et peuvent même aller au-delà. Ces locataires sont aussi plus indulgents, plus flexibles, plus autonomes ; ils ne vous appelleront pas pour réparer une bricole, ils feront intervenir un artisan au plus vite et le paieront. Ainsi, ils s'engagent sur le long terme et vous sollicitent peu, ce qui en fait de bons locataires.

Attention toutefois au contrat de location, qui peut faire basculer la rentabilité. Si vous louez pour 9 ans, stipulez bien que le loyer peut être renégocié chaque année, par exemple, et le bail rompu en cas de mésentente sur son montant.

Pour louer au plus vite un local commercial, prenez-le en photo en l'état et demandez à une société d'aménagement de locaux commerciaux des images en 3D de ce même espace aménagé pour plusieurs activités spécifiques : salon de coiffure, boulangerie, épicerie… cela permettra au futur locataire de se projeter aisément.

Quant à savoir si un local commercial est mieux qu'un logement comme investissement, il n'y a pas de réponse universelle encore une fois. Pour ma part, je trouve intéressant de diversifier nos placements, mais à chacun de voir selon sa situation personnelle.

Chapitre 9

Sociétés immobilières, sous-location, parkings et garages

Si l'on ne parvient pas à emprunter assez pour acquérir un bien seul, on peut s'associer à quelqu'un en créant une entreprise dans laquelle chacun trouvera son avantage.

Prenons l'exemple de Jean, qui n'a pas accès au crédit mais s'y connaît bien en immobilier et dispose de temps libre. De son côté, Christopher a de l'argent à investir, mais pas de temps à y consacrer. Un accord gagnant/gagnant serait que Jean s'occupe de créer l'entreprise commune puis de gérer les biens, tandis que Christopher avance les fonds. Les deux parties y trouvent intérêt.

Autre solution : des groupes proposent d'acheter des parts et investissent dans l'achat et la gestion de bureaux, commerces, logements… Là, le principe est d'investir à l'aveugle, vous ne choisissez pas le bien et vous déléguez tout à l'entreprise gestionnaire. Cela implique de bien se renseigner sur les frais d'entrée, de sortie et de gestion.

Si ces frais vous conviennent, comprenez aussi que vous vous privez d'un des deux leviers de l'enrichissement de l'investissement immobilier : la plus-value. Vous percevez un certain montant de loyers mais la valeur de vos parts n'augmente pas ou peu et très lentement. Déjà, il vous faudra de nombreuses années avant de récupérer les frais d'entrée et de sortie, que l'on vous présente comme l'équivalent des frais de notaire prélevés lors d'un achat immobilier « classique ».

Pour cette raison, je considère préférable de donner la priorité au vrai achat immobilier, qui vous permet de faire jouer les deux leviers, loyers perçus et plus-value du bien lors de la revente en cas de besoin ou d'arbitrage.

Ces groupes d'investissement constituent à mes yeux la deuxième solution, intéressante si vous ne parvenez pas à emprunter assez pour acheter seul.

La sous-location

Il est aussi possible de faire de la sous-location de biens immobiliers. Cette méthode est encore peu utilisée en France mais à l'international c'est tout à fait commun. Par exemple, en Suède à Stockholm, il y a une demande locative tellement forte qu'il y a une liste d'attente de plusieurs années avant de pouvoir louer un logement. Alors ceux qui arrivent finalement à louer un bien, le gardent en location et le proposent à un autre locataire avec l'accord du propriétaire. C'est un peu comme si, en tant que propriétaire, vous aviez une agence de gestion locative sans frais. L'inconvénient de cette méthode, tout comme l'investissement dans des parts de biens immobiliers, est que vous ne vous enrichissez que sur un des deux plans. Vous encaissez des loyers mais vous n'avez aucun foncier qui prenne de la valeur. Cependant, c'est une stratégie qui à ses avantages et inconvénients comme toutes les autres.

Volontairement, je ne développe pas cette méthode au sein de ce livre car je ne l'ai pas vécue ni expérimentée. Notez que les revenus que vous dégagerez avec la sous-location seront considérés comme instables par la plupart des banques et elles appliqueront une décote d'environ 30 à 50% selon les banques. Cela signifie que vous devrez effectuer quelques opérations de sous-location si vous souhaitez l'utiliser comme tremplin pour ensuite emprunter.

Les parkings et les garages

Beaucoup s'interrogent sur l'intérêt qu'il y a à investir dans des parkings et garages. L'avantage, c'est que ça ne coûte pas cher à l'achat et qu'il n'y aura pas de grosses réparations à financer. En revanche, le niveau de gestion sera équivalent à celui d'un logement, pour des loyers nettement inférieurs. Et très peu de sociétés de gestion acceptent de gérer les parkings et garages, donc vous risquez de vous en occuper personnellement. Si vous voulez réellement avoir une gestion professionnelle de parkings et de garages, il faudra peut-être créer une entreprise et recruter un salarié dès que votre parc de garages et de parkings deviendra trop coûteux en temps. Faites bien vos calculs et ne sous-estimez pas le temps et l'énergie nécessaires.

La plupart du temps, ceux qui s'intéressent à ce type d'investissement le font car ils pensent ne pas avoir assez pour investir dans un bien immobilier, ne pensent pas ou ne savent pas emprunter. Selon moi, il vaut mieux utiliser cette même somme comme apport pour acheter un appartement. À la limite, je préférerais encore placer mon argent dans un de ces groupes d'investissement immobilier évoqués dans le précédent paragraphe que d'investir dans un parking ou un garage.

La psychologie de l'investisseur immobilier

Comment faire pour se lancer puis faire évoluer son patrimoine ? C'est ce que j'appelle la psychologie de l'investisseur immobilier.

L'investissement immobilier est un véritable métier, qui demande une certaine implication, sachant que ce n'est qu'au troisième ou quatrième bien que vous parviendrez à une certaine autonomie financière, si vous faites appel au crédit. Soyons clairs : ce livre ne suffira pas à vous armer solidement. Vous devrez apprendre de vos erreurs, et si possible de celles des autres.

En outre, la législation évolue sans cesse, comme le marché. Vous devrez donc constamment vous former, collecter de l'information, la lire, la comprendre. Et ne surtout pas tomber dans l'excès de confiance en croyant maîtriser le sujet.

Il existe une courbe dite de l'effet Dunning Kruger.

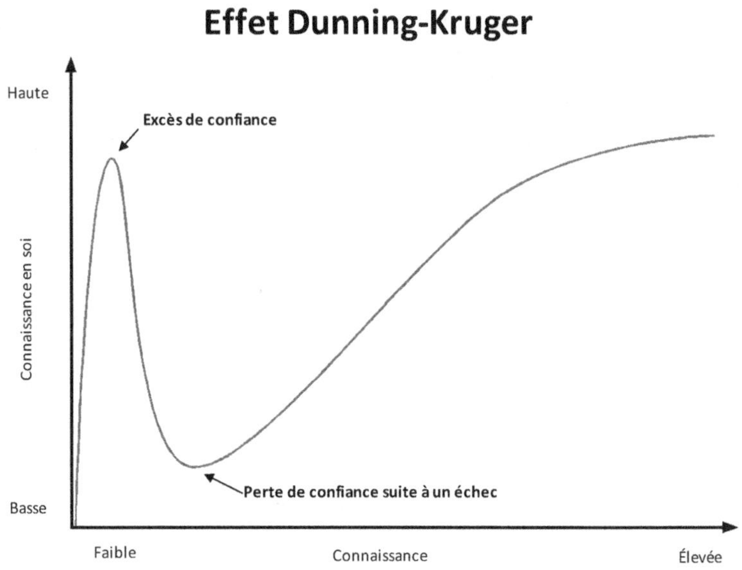

Ce chercheur a mis en avant le fait que l'on croit suffisamment en savoir au début de notre apprentissage. Si on se fait trop confiance, on rentre sur le marché avec très peu de connaissances, ce qui provoque des pertes. Lesquelles vont accélérer notre processus d'apprentissage. Avec le temps, on va ensuite reprendre confiance en soi en ayant acquis un niveau d'expertise plus poussé. C'est une des raisons pour lesquelles j'accompagne les investisseurs en devenir, sachant que les erreurs dans l'investissement coûtent bien plus cher que l'achat de connaissances. Einstein disait que si vous trouvez que la connaissance coûte cher, essayez l'ignorance.

J'ai ainsi animé une conférence sur l'immobilier, à Paris. Un participant m'a marqué : un investisseur qui ne s'est pas formé et a réalisé un premier investissement immobilier, dont il était fier. Lorsqu'il me l'a décrit, j'ai constaté qu'il était passé à côté de nombreuses optimisations possibles. J'aurais voulu lui apprendre en amont comment diminuer les mensualités de son crédit pour accroître son excédent de trésorerie, comment diviser son bien et diminuer le risque en augmentant le nombre de locataires.

Il ne gagnait rien, au final, parce que le peu de bénéfices dégagés partait en impôts. Là encore, j'aurais pu le conseiller pour se protéger fiscalement en créant un déficit comptable. Le réalisant lors de notre conversation, il a acheté ma formation devant moi, depuis son téléphone. Il venait d'en comprendre l'intérêt !

Ce livre est un manuel pour les investisseurs débutants, mais il ne suffira pas à vous prémunir contre toutes les erreurs possibles. Complétez-le avec des formations.

L'investissement immobilier prend du temps et demande des sacrifices. Il faut se donner des objectifs mais aussi des récompenses. Par exemple, si vous réussissez un premier investissement, offrez-vous un cadeau d'encouragement.

Pour ma part, je me suis acheté une belle montre lorsque j'ai perçu mes premiers loyers. Le but est d'associer dans son cerveau l'investissement à la gratification. À mes débuts, je glissais un billet comme marque page aux livres que je lisais et je le dépensais dans ce qui me faisait uniquement plaisir une fois le livre terminé.

L'investissement immobilier a changé ma vie. Je suis entrepreneur depuis de nombreuses années. J'ai gagné en indépendance, par rapport au salariat, et je pensais avoir aussi gagné en liberté et diminué mon stress. Sauf que je me suis ajouté des responsabilités. Lorsque j'ai perçu mes premiers loyers, ce fardeau de responsabilité s'est allégé : ce n'était plus mon travail qui me rémunérait. Cela a diminué mon stress et fait disparaître ma peur de manquer d'argent, qui me hantait depuis tout petit. J'ai éprouvé un sentiment de sérénité qui a même impacté positivement mes activités professionnelles : je fais ce que j'ai envie de faire et pas forcément ce qui va me rapporter le plus.

Arnold Schwarzenegger est devenu millionnaire jeune, avant de faire du cinéma. Il participait alors aux concours de Monsieur Muscle et Mister Univers, qui ne lui rapportaient pas grand-chose. Il a acheté un immeuble à crédit, à Santa Monica, afin de se sécuriser financièrement. Ainsi, en tant qu'acteur, il s'est donné la capacité de choisir ses rôles et de n'accepter que ceux qui l'intéressaient. Il n'avait pas besoin de tourner dans des navets pour manger. Il a bien géré sa carrière et, plus largement, sa vie.

Chapitre 10

Comparatif entre plusieurs appartements qui s'auto-financent

Ce chapitre va vous permettre de mieux vous connaître et de découvrir quel type de bien vous conviendra le mieux. J'aime le rappeler, l'investissement est un moyen d'assurer votre avenir financier et de sentir votre argent, ou celui des banques, bien en sécurité. Autrement dit, un bon investissement immobilier est celui qui vous rassure et vous rapporte de l'argent. J'insiste sur ces deux critères, un bon investissement n'est pas juste une opération qui rapporte de l'argent, cela s'appelle de la spéculation pour moi et ce n'est pas une mauvaise chose, mais il faut les différencier.

Le premier bien que nous visitons ensemble se trouve à proximité d'une université de 3 000 étudiants. Nous sommes dans une ville de province et il semble il y avoir beaucoup de demandes de logement et peu d'offres, que ce soit dans l'ancien ou le neuf. Cependant, l'appartement qui est à 2 minutes à pieds de l'université est dans un état horrible. À peine nous poussions la porte d'entrée qu'une odeur ignoble nous a sauté au visage. Tout est à refaire mais heureusement, il n'y a pas de présence d'humidité. L'appartement est vide depuis plus de 40 ans et appartient à un monsieur qui part en retraite et a besoin d'argent. Son bien est en vente depuis quelques mois et il semblerait qu'il n'ait pas accepté de baisser son prix qui est déjà en dessous du marché. Cet appartement de 90 m² pourrait se diviser en 3 chambres pour y créer une colocation bien spacieuse.

Le second bien se situe à Paris. Le vendeur est un couple qui divorce et ils ont besoin d'argent pour payer ce divorce ainsi que récupérer une partie de leurs économies pour se reloger rapidement. Il semblerait que ce couple soit pressé et nous sommes les premiers à visiter leur bien. Nous sommes au milieu de toutes les commodités mais le prix à l'achat est relativement élevé par rapport au potentiel loyer que nous pouvons en retirer. Cependant l'appartement à l'avantage de ne nécessiter aucuns travaux. Concernant sa surface, il ne peut être qu'un appartement d'une seule chambre.

Parce que nous sommes joueurs et avons du temps, nous rédigeons une offre d'achat par e-mail avec un rabais de 15% à chaque vendeur en indiquant que notre capacité d'endettement ne nous permettra pas de dépasser ce budget et que notre offre ne sera valable que pendant 3 jours car nous devons nous loger rapidement. Vous comprenez que cette offre est pleine de ruse mais, comme je l'ai dit, nous sommes joueurs. Aussi, n'hésitez pas à proposer un prix pour améliorer vos talents de négociation. Cela n'engage à rien et peut parfois vous offrir de bonnes surprises.

Le lendemain, nous obtenons des réponses. Le bien dans la ville de province nous est proposé avec un rabais de 10% à condition de nous engager cette semaine par écrit. Le second bien se situant à Paris ne nous sera pas cédé avec une telle remise puisque le couple nous fait une contre-proposition avec un rabais de 5% du prix affiché en nous informant qu'ils viennent juste de mettre en vente leur bien et ils nous rappellent que « C'est Paris quand même ».

D'expérience, je me dirigerais sans hésitation vers le premier bien mais je le diviserais en 2 chambres au lieu de la colocation de 3 chambres qui est possible et serait spacieuse. Il y a plusieurs raisons à cela et la principale est le fait qu'il y a des travaux. Le prix du bien est déjà en dessous du marché et nous avons en outre un rabais de 10%. Les travaux seront déduits de nos bénéfices comptablement donc nous diminuerons voire supprimerons les impôts sur nos revenus fonciers. Dans le cas d'une revente, nous gagnerons de l'argent dès le moment où les travaux seront terminés. Puis, dans le cas où la demande locative des étudiants viendrait à baisser, mon bien de deux chambres pourrait convenir à une famille.

Si je n'avais jamais investi, je serais tenté de prendre le bien déjà rénové car le poids psychologique serait faible. Remarquez que je ne parle pas de risque mais de défi psychologique car c'en est un pour un premier achat. Cependant, si nous sommes rationnels, à quoi bon acheter un bien au prix du marché sur lequel nous devrons payer un impôt élevé sur nos loyers ?

Voici une astuce de pur bon sens : n'optimisez jamais trop la surface de vos biens. Le but est de conserver des locataires sur le long terme et pas de créer des cages à poules invivables pour gagner quelques points de rentabilité sur le papier. Des locataires heureux sont des locataires qui restent, qui payent à l'heure et qui recommanderont votre bien.

Restez pauvre pour devenir très riche

J'aimerais terminer cette partie sur l'immobilier par une touche de fiscalité, bien que je vous aie dit que je n'en parlerais pas ou très peu. J'ai rencontré des Hommes d'une richesse financière indescriptible et difficilement imaginable pour le grand public. L'un d'entre eux m'a dit un jour qu'il était pauvre, s'amusant de cette plaisanterie. Je lui ai en ai demandé le sens alors qu'il terminait de rire de sa propre blague. Il m'a dit très calmement que tandis que la plupart des gens veulent tout avoir à leur nom, lui préférait posséder des entreprises qui détiennent tous ses biens de valeur.

Autrement dit, si vous listez les impôts soumis aux entreprises et ceux soumis aux particuliers, vous remarquerez que les entreprises ne payent quasiment pas d'impôt sur ce qu'elles gagnent ni ce qu'elles possèdent en comparaison des particuliers.

Donc, si vous voulez vous enrichir plus rapidement et durablement, n'attendez pas d'être imposé au maximum pour réinvestir des euros après impôt lorsqu'on peut investir des euros avant impôt grâce à une entreprise qui nous appartient. Plus vous investirez avant impôt, plus vous vous enrichirez rapidement.

Cette précieuse liberté financière peut aussi se construire grâce à la bourse. Ce sera l'objectif de la partie dédiée à l'investissement en bourse.

Chapitre 11

Devenir rentier en bourse

La bourse n'est pas compliquée, elle constitue tout simplement un moyen de mettre en relation des entreprises qui ont besoin d'argent pour financer leur développement et des investisseurs qui ont de l'argent à faire fructifier.

Lorsqu'une entreprise a besoin d'argent pour financer de la recherche, du recrutement, des stocks… elle le fait grâce aux investisseurs, qu'elle remercie en leur versant une partie du bénéfice ainsi généré. C'est ce que l'on appelle un dividende.

Admettons que vous souhaitiez investir mille euros en bourse. Vous achetez des actions pour ce montant. Lorsque vous avez l'action, vous devenez propriétaire d'une petite partie de l'entreprise. Il est donc normal que l'entreprise vous verse des dividendes, par exemple 5% par an.

Il existe plusieurs manières d'acheter des actions. Principalement, le marché secondaire sur lequel les investisseurs s'échangent ces actions. Il y a également un marché primaire, moins accessible, qui met directement en relation les entreprises avec les investisseurs. La plupart du temps, les investissements sur le marché primaire représentent des sommes très importantes.

C'est pour cela que nous nous concentrerons sur le marché dit « secondaire » car ce sont en quelque sorte des actions de seconde main.

Quelle est l'origine du risque en bourse ?

Lorsqu'on me dit que la bourse est trop risquée, je demande à cette personne si elle traverse l'autoroute les yeux bandés et en pleine nuit. La réponse met toujours quelques secondes à arriver avant de se résoudre à un « non, pourquoi ? ». Je suis du même avis, pourtant, je traverse au passage piéton lorsque le feu est vert et seulement après avoir regardé à gauche puis à droite. Dans les deux cas, nous traversons la route, mais c'est le choix de la manière dont nous traversons cette route qui est risquée ou non.

Mon intention est de vous éveiller sur le fait qu'il n'est pas risqué d'investir en bourse, c'est l'analyse et les choix de l'investisseur qui tendent à l'exposer ou le protéger des risques.

Il y aussi un autre cas, celui de la personne qui vérifie que le feu est vert, personne à droite ni à gauche mais qui traverse la route très lentement au point qu'une voiture peut arriver et le feu passer au rouge pour les piétons. Vous conviendrez que l'extrême dans les deux cas est dangereux. Le manque comme l'excès de prudence sont néfastes pour votre argent, veillez à trouver la balance qui vous conviendra le mieux.

Si vous pensez toujours que la bourse est risquée, laissez-moi vous montrer qu'une épargne qui n'est pas investie court aussi de nombreux dangers.

Les dangers de ne pas investir

S'il y a une crise et que votre banque fait faillite, le fonds de sécurité ne garantit alors que vos 100 000 premiers euros en France. En théorie parce que, dans la réalité, les caisses de ces fonds ne vous permettront pas de garantir la disponibilité de votre épargne.

Le FGDR (fonds de garantie des dépôts) a pour mission de garantir votre épargne en cas de faillite des banques. Pour savoir si le FGDR garantit réellement votre argent, comparons le montant des dépôts avec ce fonds de garantie. En France, nous avons environ 2 185 milliards d'euros de dépôts dans des banques françaises (source : rapport de la Banque de France). Maintenant, asseyez-vous bien confortablement pour ne pas chuter mais sachez que le fonds de garantie est de moins de 5 milliards d'euros selon le dernier rapport du FGDR lui-même. Vous pensez être au bout de vos surprises ? Attendez la suite. Les 5 milliards de fonds de garantie contre les faillites bancaires ne sont pas réellement disponibles puisque ces fonds sont investis principalement dans d'autres banques. Autrement dit, si une faillite bancaire venait à arriver, ce fonds fondrait aussi vite qu'un glaçon en plein désert. D'ailleurs, dans ce même rapport, nous voyons en toute transparence la performance de ce fonds et, à notre grande surprise, il a une performance négative. Autrement dit, les gestionnaires du fonds de sécurité perdent de l'argent d'année en année. Sachez que ce fonds de garantie n'est pas créé ou soutenu par l'État mais par une association de banques.

Autre souci : chaque année, des liquidités sont injectées dans l'économie. Notre capital perd ainsi automatiquement de la valeur, trimestre après trimestre. On appelle cela l'inflation. Autrement dit, les billets et les pièces que nous utilisons ne reposent sur aucune valeur intrinsèque car les banques peuvent en créer autant qu'elles le désirent, dans la mesure et à la discrétion des États. Ce phénomène a débuté lorsque les États-Unis ont décidé de ne plus corréler les billets de banque à l'or. Auparavant, lorsque vous aviez un billet de banque, cela signifiait que vous aviez l'équivalent en or au sein de cette banque et que vous pouviez échanger votre billet contre de l'or physique, permettant et facilitant les échanges de valeur comme acheter votre baguette de pain sans vous promener avec un lingot d'or et repartir avec une sacoche de pièces d'or. Le meilleur moyen de protester contre cette injustice est de faire travailler votre argent et celui des banques à votre service afin de l'échanger contre de la valeur réelle comme des biens immobiliers ou des parts d'entreprises.

Évolution du pouvoir d'achat des devises face à l'or

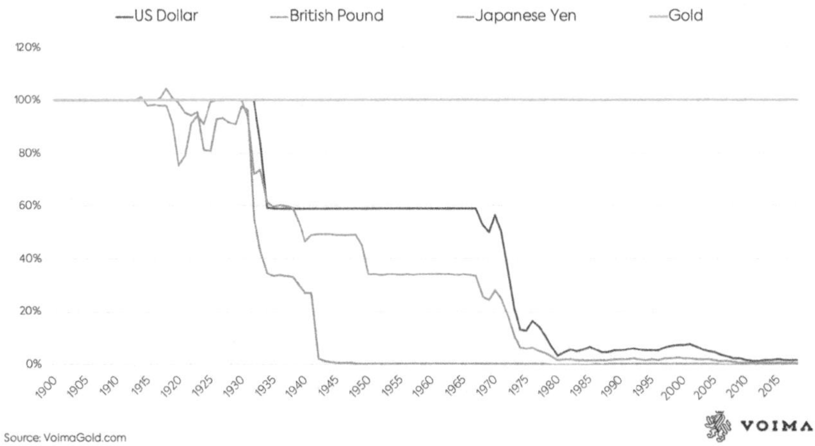

Dernier risque à vouloir épargner son capital plutôt que de le placer : si le marché international demande plus de la même monnaie, notre pouvoir d'achat diminue et une perte générale de confiance dans une monnaie la fait plonger brutalement. C'est la raison pour laquelle des pays d'Amérique Centrale et du Sud acceptent les dollars, voire les favorisent.

Les mythes sur l'investissement en Bourse

Contrairement à ce que l'on croit, ce pilier d'enrichissement n'est pas si risqué que cela. Il existe un risque, certes, mais l'image de la bourse a surtout été ternie par des plateformes qui ont arnaqué les investisseurs, notamment avec les options binaires qui sont ni plus ni moins que de la loterie. Je sais ce que c'est, ayant été attiré plus jeune par les promesses de gains rapides, j'ai perdu mes maigres économies du passé.

Il existe quelques similitudes avec l'immobilier : une action peut prendre de la valeur et générer des bénéfices… ou en perdre. Il y a de bonnes et de mauvaises affaires.

Que peut-on attendre d'un investissement bien préparé, sur le long terme ? Essayons d'identifier les risques et prenons le temps de nous pencher sur les mythes souvent infondés.

Le premier : il faut beaucoup d'argent pour investir en bourse.

Certes, plus on investit, plus on peut gagner, mais on va commettre des erreurs, au début, que j'estime même nécessaires pour avancer, alors autant que ce soit avec un petit capital. L'effet boule de neige permet à n'importe quel salarié ou fonctionnaire de devenir rentier en investissant un peu chaque mois et en étant patient.

Deuxième mythe : je suis trop jeune – ou trop vieux – pour investir en bourse

Plus on commence jeune, plus on profite de « l'effet cumulé », sur lequel je reviendrai pour l'expliquer en détail. À l'inverse, si l'on dispose d'un capital, peu importe notre âge. À chaque lecteur de déterminer s'il souhaite prendre un risque calculé pour faire fructifier ce capital ou s'il préfère l'utiliser pour en vivre et donc le dilapider et en subir l'inflation.

Troisième mythe : investir en bourse demande du temps.

C'est à moitié vrai. Au début, il faut se former, effectuer des recherches, élaborer une stratégie, donc y consacrer du temps. Après, il est aisé et rapide de choisir les actions que l'on veut détenir. Il suffit d'attendre que leur cours nous convienne pour les acquérir. Ensuite, il y aura juste à vérifier que l'action génère bien des dividendes. Sinon, on la revend au moins au prix d'achat, mais idéalement avec une plus-value. Encore une fois, les personnes impatientes feront gagner de l'argent aux personnes patientes.

La bourse prend du temps si l'on en fait notre métier parce qu'un *trader* passe beaucoup plus de temps à analyser des données et des graphiques, contrairement à un investisseur passif avec une stratégie basée sur l'attente et la conservation d'actifs.

Quatrième mythe : la bourse, c'est très dur, voire hermétique pour le commun des mortels.

Beaucoup de personnes entretiennent ce mythe afin de légitimer le fait de nous facturer des frais pour gérer nos fonds. En nous faisant croire que nous avons impérativement besoin de ces « experts », ces consultants, et que nous ne pourrions pas le faire nous-mêmes. Je m'inscris en faux : nous pouvons apprendre à gérer nos investissements, comme eux l'ont appris.

Il existe différentes méthodes. Le *trading* implique de solides compétences mais la vraie difficulté de nos investissements dépend de notre stratégie. La mienne est une méthode de gestion passive. Faire travailler l'argent pour nous, pas passer la journée à analyser des graphiques.

Cinquième mythe : il existe des robots traders qui dépouillent les investisseurs.

C'est vrai, des robots existent. Pour être précis, ils ont pour but d'acheter sur les marchés à court terme, de spéculer et de revendre le plus vite possible avec un maximum de bénéfices. C'est ce que l'on appelle du THF (*Trading Haute Fréquence*). Seulement, ces robots n'agissent pas ou très peu sur le long terme. Nous si.

Notre but d'investisseur est de prêter de l'argent à une entreprise qui en a besoin. Le but du *trader*, humain ou robot, est de réaliser un bénéfice rapide.

A ce sujet, Benjamin Graham a dit : « Il n'existe que deux choix en bourse, s'appauvrir rapidement ou s'enrichir lentement ». C'est un excellent résumé.

Le sixième et dernier mythe consiste à penser que l'on va verser aux impôts tout ce que l'on gagnera.

Ce n'est pas totalement faux, surtout si on se lance rapidement, sans choisir l'enveloppe fiscale adéquate. Selon les cas, on peut être totalement exonéré d'impôt sur le revenu. Encore une bonne raison d'apprendre, de bien se renseigner avant de se lancer et de rester patient.

Comme l'indique le proverbe : « Petit à petit, l'oiseau fait son nid ». En bourse, l'effet boule de neige (dit aussi effet cumulé) peut rendre n'importe quel salarié ou fonctionnaire millionnaire. S'il est patient et méthodique.

Ce tableau montre qu'en plaçant 300 € par mois avec un rendement à 10%, au bout de dix ans, on perçoit environ 557 € de dividendes mensuels. Au bout de 35 ans, ce montant mensuel de revenus atteint 8 980 € et la valeur du portefeuille sera de 1 185 385 €.

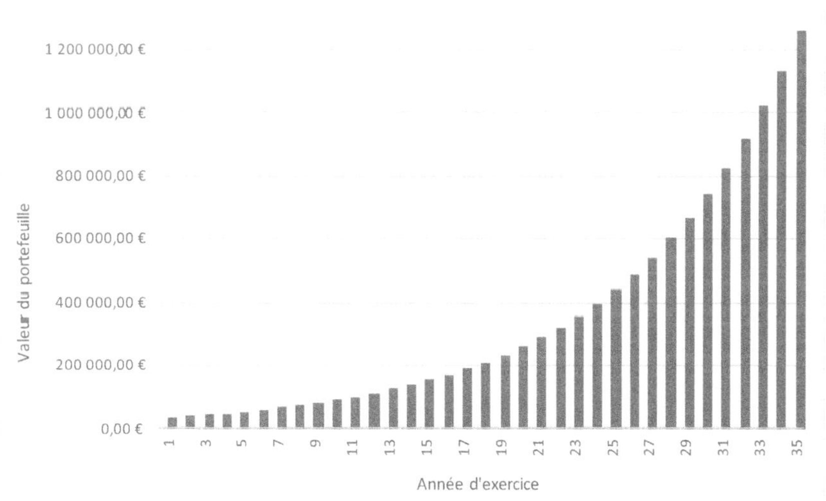

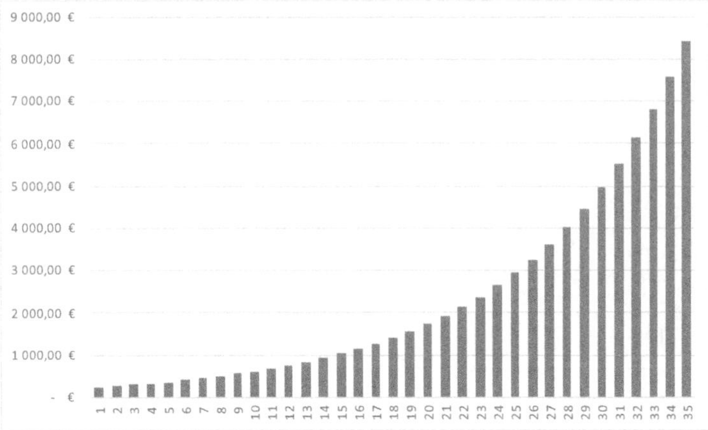

Utopie ? Pas vraiment. Regardez les indices tels que le CAC40 avec dividendes réinvestis (CAC40 GR) et les indices américains. Ils ont souvent des performances avoisinant les 10% par an, cela peut vous donner une idée de ce qui est réalisable.

Sans même réfléchir, rien qu'en investissant automatiquement (j'expliquerai plus loin comment concrètement), on se constitue un patrimoine et des revenus réellement passifs.

Il faut utiliser le levier de ce que l'on appelle « les intérêts composés », c'est-à-dire les intérêts générés par les intérêts précédents. Par exemple, en plaçant 1 000 € rémunérés à 10 %, on gagne 100 €. Placés à leur tour, ajoutés au capital initial de 1 000 €, l'année suivante, ils aboutiront à ce que l'on perçoive 110 € d'intérêts. Et ainsi de suite.

Rester patient en étant organisé permet de se constituer un patrimoine conséquent en toute simplicité.

Être payé pour patienter

Attendre ne signifie aucunement ne rien faire. La bourse est bien l'un des rares domaines où il peut s'avérer intéressant d'être paresseux ! Si l'on déniche une opportunité de marché, on attend que le prix visé soit atteint. Il existe plusieurs méthodes efficaces mais toutes les méthodes gagnantes pour bien placer en bourse sont celles où l'on attend, où l'on ne multiplie pas les transactions, lesquelles génèrent des frais. C'est pour cela que l'état d'esprit, pour réussir, est d'être paresseux, de prendre son temps et de répéter la même opération mensuellement. Regarder l'évolution de nos actions présélectionnées, se concentrer sur ce petit panier, attendre le moment où le prix nous semble conforme aux performances de l'entreprise.

Même si le fait d'être patient avant d'acheter un titre est important, la durée de détention de vos titres l'est encore plus. Autrement dit, il faut savoir être patient avant d'acheter sans pour autant trop attendre. C'est l'expérience qui déterminera votre capacité à acheter au bon moment. Cependant, la performance de votre portefeuille sera largement impactée par votre compétence à être paresseux dans la détention de vos titres. Cela signifie que, même si vous n'achetez pas au meilleur moment le titre souhaité, vous augmenterez drastiquement votre rendement en étant patient. Notez qu'il s'agit d'une utopie de croire que l'on peut acheter au plus bas et vendre au plus haut chaque titre. Un investisseur chevronné est une personne capable de prendre des décisions en fonction de son analyse et de la gestion de ses émotions. Je dirais que le parfait rentier en bourse est un mélange entre un psychologue et un économiste.

Pour revenir sur la notion de détention des titres, le temps a prouvé à de nombreuses reprises que même si vous achetiez vos titres au plus mauvais moment avant une récession ou une crise, il ne vous faudrait que quelques années pour récupérer la valeur initiale de votre capital.

Prenons un cas concret en comparant deux types d'investisseurs. Marc et Benjamin se lancent le défi d'investir pendant 40 années consécutives entre 1979 et 2019 sur l'indice américain S&P500. Ils ont tous deux 200 € par mois à investir mais ils ont une stratégie différente concernant le moment d'acheter leurs actions.

Marc est un magicien de la finance, un devin. Il passe ses journées à analyser l'économie et ses nuits à comprendre la psychologie des investisseurs. En 40 années, il a acheté au plus bas historique et, à la fin du défi, son portefeuille s'élève à 956 838 €. Seul inconvénient, il n'a pas profité de la vie et le regrette un peu.

Benjamin, lui, est un passionné de football. Il a une vie bien remplie et n'a que peu de temps pour analyser les marchés. Pour être honnête, il ne connaît pas grand-chose à la bourse mais, après avoir lu ce livre, il se sent assez confiant pour investir un peu d'argent chaque mois, peu importe l'état du marché. Il décide de placer ses 200 € chaque mois sans s'inquiéter. À la fin de ce défi, le portefeuille de Benjamin représente 1 386 429 euros.

Comment est-ce possible que Benjamin ait gagné plus que Marc alors qu'il n'y passe que 10 minutes par mois ? Marc n'a pas été assez paresseux.

Mes 13 critères pour sélectionner une action

Tout cela est bien joli, me direz-vous, mais concrètement, comment identifier une action sur laquelle investir ? J'applique treize critères de sélection qui définissent un cadre général pour bien les choisir. Ils ne doivent pas tous être respectés à 100% mais gardez-les à l'esprit.

1. L'entreprise reverse au minimum 5% de dividendes par an, car je cherche des entreprises stables et qui rémunèrent leurs actionnaires. C'est le critère sur lequel je suis le plus flexible car j'achète généralement des entreprises avec un rendement inférieur mais, en les conservant longtemps, leurs dividendes augmentent d'année en année.

2. Je vérifie qu'elle verse ces dividendes depuis au moins dix années consécutives.

3. Je me renseigne sur leur *price earning ratio*, qui nous indique si, par rapport aux ressources et aux bénéfices de l'entreprise, le prix de l'action est cohérent. Plus il est faible, plus le prix de l'action est intéres-

sant par rapport à sa performance. C'est un des critères sur lequel je suis le plus inflexible car il représente la santé globale de l'entreprise.

4. Il faut que la capitalisation boursière de l'entreprise soit supérieure à 500 millions de $. Pour calculer ce montant, on multiplie le nombre d'actions émises par leur prix. Au-delà de 500 millions de $, je considère que l'entreprise est solide et trop importante pour faire faillite. Je pense par exemple à Coca Cola ou McDonald's, qui ont des activités à l'international, donc la couverture, en termes de risque, est mondiale.

L'an dernier, j'ai ainsi bénéficié de plus-values conséquentes sur une entreprise de recyclage des eaux en Amérique du Sud, dont l'action était peu onéreuse et trop importante pour faire faillite. Le temps m'aura donné raison.

5. Je vérifie que le dirigeant ou le propriétaire de l'entreprise n'est pas trop médiatisé. Je ne veux pas que l'image de ces personnes soit corrélée à la performance de mes actions. Si c'est le cas, que se passera t-il si la presse s'empare de lui en l'exposant sous un angle néfaste pour l'entreprise ? Je ne sais pas et, dans le doute, je me réserve de diminuer mon risque en investissant sur des entreprises et pas sur des rockstars, même si je les admire.

6. Est-ce que la marge de l'entreprise est supérieure à 14% avant imposition ? Pour choisir ce seuil, je me suis basé sur des données statistiques : ce taux de 14% est synonyme de durablement solide. Mais pourquoi « avant impôts » ?

Certaines entreprises bénéficient de grosses marges mais créent des filiales à l'étranger afin de limiter l'impôt, en déclarant très peu de bénéfices.

7. Il faut que l'entreprise soit endettée de moins de 110% par rapport à ses fonds propres. En soi, la dette ne m'effraie aucunement, dès lors qu'elle est bien utilisée. Dans ce cas, elle accélère le développement et

diminue les impôts, ce qui sert les actionnaires. Mais, comme en toute chose, l'excès devient nuisible.

8. Je vérifie que le résultat net progresse depuis trois ans. En clair, que l'entreprise gagne de l'argent. Uber, par exemple, a vu le cours de son action exploser à son lancement, pourtant cette entreprise est surendettée et déficitaire depuis des années. Le prix de son action est irrationnel et viendra se rapprocher de la valeur réelle avec le temps.
9. Est-ce que la croissance de l'action est supérieure à 5% depuis les cinq dernières années ? On cherche en effet à percevoir des dividendes, mais aussi à valoriser nos investissements. C'est le deuxième levier des bénéfices en bourse.
10. L'investisseur doit comprendre l'activité de l'entreprise. Si elle s'avère trop technique, la perte de contrôle ou de connaissance pourra devenir très préjudiciable, le jour où le dirigeant changera, par exemple.
11. Est-ce que je vois l'entreprise vivre encore dix ans ? Je n'investirai pas sur les réseaux sociaux, par exemple, de plus en plus décriés et qui vont énormément muter. Ni sur le réseau Mastercard, alors que de nouvelles monnaies et de nouveaux moyens de paiement apparaissent. Même constat avec les compagnies pétrolières du fait de l'arrivée massive des transports électriques. J'aime bien dire que, s'il y a un doute, alors il n'y a pas de doute. En d'autres termes, si je suis inquiet d'investir sur une entreprise, même si ce n'est pas fondé, alors je m'abstiens.
12. L'État ne doit pas être concurrent ou propriétaire majoritaire de l'entreprise. Je n'accepte pas la concurrence déloyale dans un sens comme dans l'autre. Cela peut vous paraître absurde comme critère mais prenons un exemple. Le monopole d'un marché est totalement interdit en France et, pourtant, la Française des Jeux n'a pas un seul concurrent. Le risque politique et gouvernemental est bien réel.
13. Il faut qu'il y ait un taux de distribution de leur bénéfice inférieur à 80%. Lorsqu'une entreprise reverse des bénéfices aux actionnaires, elle doit conserver de quoi financer son développement. Certaines entreprises distribuent plus que leurs bénéfices, en empruntant.

C'est aberrant et simplement destiné à attirer de nouveaux investisseurs ; dangereux et intenable à moyen terme. Par contre, les évènements passés ont montré que ce sont les entreprises qui versent des dividendes (sans excès) qui perdent le moins de valeur lors d'un krach boursier. Parce qu'elles sont plus solides. Les entreprises ayant également une trésorerie importante par rapport à leurs besoins et peu de dettes réagissent mieux aux krachs et aux récessions car elles ont la confiance des actionnaires.

Si vous aviez investi 10 000 $ en 1991 sur des actions aristocrates, vous auriez 191 463 $ en 2016. Ces actions sont dites « aristocrates » lorsque leurs dividendes sont croissants ou stables depuis 25 ans. À l'inverse, si vous aviez choisi d'investir sur l'indice américain S&P500, vous auriez un manque à gagner de 74 736 $ sur cette même période.

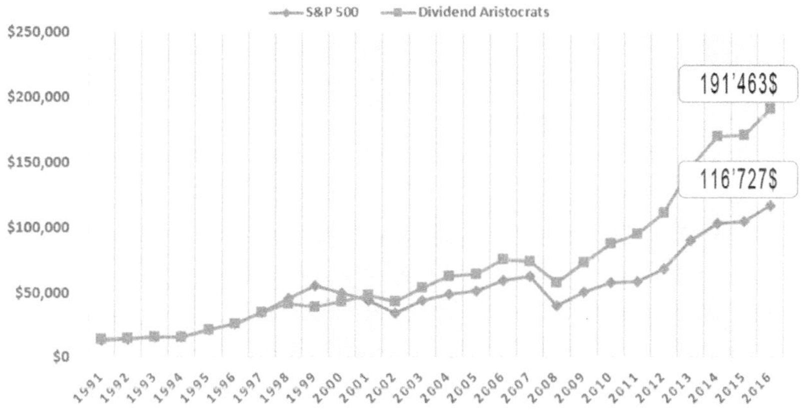

Toutes ces informations, je les trouve aisément et en accès gratuit sur des sites internet qui présentent les bilans des entreprises et le cours des titres. Des sites sur lesquels on peut définir des filtres. C'est un peu long au départ, mais ça vaut le coup d'y consacrer une bonne heure parce qu'ensuite, pour ma part, en deux clics, j'obtiens la liste de toutes les entreprises qui peuvent m'intéresser. C'est très simple et redoutablement efficace.

Faites attention, il arrive parfois que certains sites n'aient pas une information qui compte parmi les critères de choix d'une action. Prenez le temps d'aller chercher l'information sur d'autres sites et ne faites pas l'erreur que j'ai faite par le passé en me précipitant avec bien trop d'enthousiasme. Si vous manquez d'information, ne prenez pas de décision. Encore une fois, s'il y a un doute, il n'y a pas de doute. Autrement dit, si vous avez un doute sur votre confiance dans l'achat d'une action, alors ne le faites pas. Même si vous aviez raison d'acheter une action mais que vous ne l'avez pas fait, vous en dormirez plus tranquille, l'inverse n'est pas dit.

Cette stratégie que j'expose dans ces pages a fait ses preuves pour moi. Toutefois, il existe d'autres méthodes et je ne prétends aucunement que la mienne soit la seule ou la meilleure. Ma méthode fonctionne et s'adapte à mon profil d'investisseur, à vous de voir si elle vous convient.

Dans quel secteur investir ?

Une erreur de débutant à éviter est la mauvaise répartition de votre portefeuille. Si vous prenez un indice ou un ETF avec une large capitalisation, vous avez souvent une diversification et une couverture sectorielles importantes. Cependant, si vous choisissez vos actions, faites attention à ne pas avoir une concentration trop importante dans un secteur spécifique. En suivant les critères précédemment évoqués dans ce chapitre, je vous recommande de répartir de vos actions de cette manière, ou de vous en approcher le plus possible :

- Immobilier : 20%
- Finance : 20%
- Technologie : 10%
- Industriel : 10%
- Télécommunication : 10%
- Énergie : 10%
- Biens de consommation cycliques : 5%
- Santé : 5%
- Matériaux de base : 5%

- Transport : 5%

Cette diversification sectorielle vous permettra de profiter un maximum de l'essor des secteurs ayant, selon mon analyse, le ratio le plus intéressant entre le rendement et la valeur de vos actions sur le long terme.

Le plus important n'est pas le pourcentage exact de votre diversification sectorielle mais que vos titres soient un minimum décorrélé les uns des autres. Je pense particulièrement aux secteurs qui sont fondamentaux pour la population. Par exemple, en période de récession, on décidera de manger moins au restaurant ou de faire moins de shopping mais pas de mettre moins d'essence dans sa voiture pour aller au travail ou de moins se soigner.

Le plus important est de faire preuve de bon sens et d'analyse. Les secteurs réagissent souvent de manière cyclique. Ces recommandations, vous devez les adapter à votre profil d'acceptation du risque et de gestion de vos émotions. J'aimerais ajouter que, si une action se montre légèrement plus solide ou performante qu'une autre mais que l'achat d'une autre action vous permet de vous diversifier de manière sectorielle, alors je choisirais la seconde option. Si cela vous paraît être un travail trop compliqué ou fastidieux, nous évoquerons dans le prochain chapitre les ETF qui sont un groupement de titres déjà diversifié et qui s'équilibre au fur et à mesure du temps sans votre intervention mais en échange de frais.

Investissement ou spéculation ?

Si vous avez été attentif, vous aurez remarqué que je n'ai pas évoqué une seule fois dans nos critères les annonces des médias ou les avis des « experts ». Je pense qu'il faut distinguer investissement et spéculation. L'investissement est une science approximative basée sur le passé qui nous permet d'avoir des indices sur les résultats futurs. La spéculation est davantage tournée vers l'analyse du futur et, souvent, le futur proche. Cependant, pour analyser le futur, il faut avoir une boule de cristal et, à ma connaissance, très peu en ont une. La spéculation attire généralement ceux qui s'intéressent à un profit important et rapide. La méthode est simple, s'enrichir en revendant plus cher rapidement quelque chose que l'on vient d'acheter sans y ajouter de valeur. Je pense que, sur le long terme, ça ne fonctionne pas, sans même évoquer la partie éthique.

Vous arriverez peut-être à revendre un titre plus cher à un novice et vous enrichir sur son dos une fois ou deux mais je ne pense pas que vous le ferez tout au long de votre carrière. Pour moi, il n'y a pas de mal dans le fait de revendre une partie d'une entreprise plus chère qu'à notre achat si sa valeur a réellement augmenté.

Par exemple, vous acheté des actions à 50 € d'une entreprise qui augmente drastiquement son résultat net au cours de ces 10 prochaines années, ça me semble normal de revendre vos actions plus chères car la valeur a augmenté. Ce sujet est un peu sensible car je ne veux pas enlever les étoiles qui brillent dans les yeux des jeunes investisseurs. Il est tout à fait possible de gagner de l'argent rapidement en bourse mais au prix de la précipitation et donc du risque de perte qui s'accroît. Pour moi, l'investissement est un moyen de protéger mon capital et d'en dégager un rendement qui me convient. Cela ne m'intéresse pas d'avoir un rendement supérieur à d'autres investisseurs si j'y pense chaque nuit. En plus du rendement, mes investissements m'assurent une tranquillité d'esprit qui est difficilement chiffrable.

Chapitre 12

Les dividendes, les ETF, les obligations, l'or et les crypto-monnaies

Les actions à dividende mensuel

Il existe des entreprises qui versent des dividendes de manière mensuelle, trimestrielle, semestrielle ou annuelle. C'est un critère intéressant mais ne vous focalisez pas sur les dividendes mensuels, ce qui est souvent le fonctionnement des entreprises dans l'immobilier locatif. Bien sûr, l'avantage c'est que l'on peut rapidement réinvestir ces profits. Si vous recherchez à avoir des dividendes tous les mois, vous pouvez aussi avoir trois actions qui payent de manière trimestrielle en décalage, une par mois, ce qui nous permet de nous construire un revenu mensuel. Il ne faut pas se limiter aux entreprises aux versements de dividende mensuel. En revanche, cela vaut la peine de se pencher sur les ETF.

Qu'est-ce qu'un ETF et comment y investir ?

L'ETF – *exchange traded funds* – est un panier de titres. Par exemple, un groupement d'actions, d'obligations ou de matières premières. Les ETF ont pour fonction de proposer à des investisseurs une gestion passive de leur capital sans se faire assassiner par les frais.

Il existe des ETF comme les Aristocrates, réunissant les entreprises qui augmentent leurs dividendes depuis au moins vingt-cinq années consécutives. L'ETF met à jour son panier d'actions en permanence sans votre intervention.

D'autres permettent d'acheter des entreprises cotées dans le monde entier pour diversifier les placements et limiter les risques. Cela impose beaucoup de gestion et donc des frais.

Il existe aussi des ETF qui sont spécialisés dans une zone géographique précise, par exemple un ETF spécialisé dans les actions de pays considérés comme « en développement ». Vous avez également des ETF qui réunissent des entreprises par secteur ou par taille de capitalisation. Il y en a pour tous les goûts.

Les ETF concurrencent la plupart des fonds de gestion et les battent en performance, souvent avec des frais largement inférieurs.

Il existe principalement deux types d'ETF :

- A réplication physique
- A réplication synthétique

La réplication physique investit notre argent dans les actions qui composent l'ETF, tandis que la deuxième gère notre argent en essayant de reproduire la même évolution que celle du marché.

Cette deuxième formule (synthétique) offre un avantage : celui de pouvoir investir sur des actions américaines avec une fiscalité française, par exemple. On peut ainsi profiter des avantages fiscaux au sein des enveloppes fiscales françaises et de la dynamique du marché américain. Mais il y a plus de risques sur un ETF synthétique, puisque l'évolution sera liée à la compétence de gestion de l'émetteur et pas directement aux résultats des entreprises sur lesquelles nous investissons. C'est ce qu'on appelle un risque d'émetteur.

L'impact des frais sur votre portefeuille

Peut-être avez-vous déjà entendu parler des fonds de gestion ? L'inconvénient d'investir dans des fonds de gestion, outre les frais, importants, c'est le montant élevé du ticket d'entrée, souvent supérieur à 100 000 €, alors qu'on peut s'insérer dans un ETF avec quelques centaines d'euros. L'intérêt du fonds diffère même parfois de celui de l'investisseur qui y place du capital. Ce fonds peut recevoir des bonus en investissant dans telle ou telle entreprise sans que l'investisseur en profite, tandis que son investissement est placé avec un rendement souvent inférieur au marché. Autrement dit, les fonds de gestion gagnent à tous les coups sans vous en faire profiter.

Voici une liste assez parlante :

- Frais d'entrée
- Frais de gestion
- Primes des entreprises dans lequel votre argent est injecté
- Commissions du courtier dans lequel est placé votre argent
- Pourcentage supplémentaire si le fonds dépasse ses garanties de performance
- Frais de sortie.

Autrement dit, que vous gagniez ou pas, certains fonds de gestion l'emportent sur tous les tableaux.

Pour vous donner une idée de l'impact des frais sur vos résultats, voyez ce qui suit. Si vous investissez aujourd'hui 10 000 € avec une performance annuelle de 10% et cela pendant 20 ans, combien aurez-vous à l'issue de ces 20 ans ? Si vous avez 2% de frais, vous aurez environ 45 000 €. Avec 1% de frais, vous aurez environ 55 000 € et vous atteindrez quasiment les 70 000 € si vous n'avez pas de frais. L'écart de 25 000 € est considérable et pourtant, il ne s'agit là que de 2% de frais.

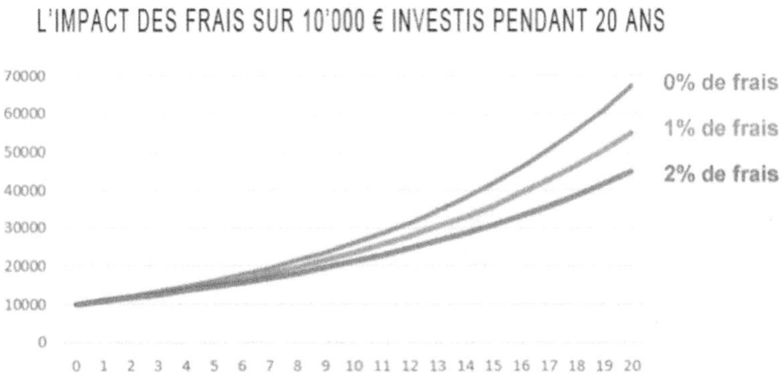

Pour toutes ces raisons, je déconseille les fonds de gestion et privilégie les ETF, que l'on peut acheter auprès des courtiers en ligne depuis chez soi. J'indiquerai plus loin comment bien choisir son courtier.

Qu'est-ce qu'une obligation ?

IImaginez qu'au lieu de devoir de l'argent à l'État, des impôts et taxes, ce soit l'État qui vous en doive, « obligé » (le terme « obligation » est assez explicite) de vous le donner. Le rêve !

Une obligation est un prêt avec obligation de rembourser. Nous pouvons tous prêter notre argent et percevoir des intérêts, convenus à l'avance. La plupart des investisseurs savent qu'il est possible de prêter aux États, mais, ce qui est moins connu, que l'on peut aussi prêter aux entreprises, dans le cadre d'une obligation.

La grande différence entre une obligation et une action, c'est que l'obligation est gérée par une entreprise souvent moins stable et qu'elle est moins bien rémunérée que l'action. Il n'y a pas ou peu de plus-values à espérer, autres que les intérêts convenus. En revanche, ce revenu a comme promesse une meilleure stabilité qu'une action.

Comment acheter des obligations ? Via un courtier en ligne, là encore.

Comment choisir un bon ETF ?

Mes ETF préférés sont souvent ceux qui ont une stratégie de versement de dividendes stable dans le temps, ceux qui regroupent des obligations d'États sur le long terme et ceux qui détiennent des obligations d'entreprises dans des pays dits « émergents ». Parmi eux, il en existe souvent une dizaine de chaque catégorie.

Avant tout, si j'aime autant ces ETF contrairement à d'autres, c'est parce qu'ils conviennent à mon portefeuille, mon analyse et ma stratégie de diversification. Vous pouvez en avoir une totalement différente et donc choisir des ETF différents. J'ai déjà évoqué la raison pour laquelle je préférais les actions à dividendes plutôt que celles dites de valorisation. Concernant les ETF d'obligations d'États, ils sont pour moi un moyen de me protéger en cas de krachs des actions sur le marché dans lequel j'investis. Il est primordial que l'obligation d'État soit issue du même pays que celui de mes actions afin d'être contre-balancée. Les ETF d'obligations d'entreprises dans les pays dits « émergents » sont pour moi un excellent moyen de profiter de la croissance importante de ces pays sans y risquer une grande partie de mon capital.

Voici quelques critères qui vous permettront de choisir votre ETF en fonction de votre stratégie :

- Entre 0 à 1% de frais si possible. Les frais sont le fléau des investisseurs qui se précipitent. Si les frais sont supérieurs, cela peut se justifier par une performance supérieure. Cependant, faites attention à ce que cette sur-performance se reproduise chaque année. Si ce n'est pas le cas, préférez les ETF à frais réduits.
- Capitalisation boursière de 500 millions de dollars minimum. Il faut que votre ETF soit liquide dans le cas où vous souhaiteriez vous en séparer un jour. Il faut également qu'il soit solide, ce qui est un gage de stabilité dans le temps.
- Minimum de 3% de rendement annuel. Les actions étant de nature plus performantes que les obligations, acceptez de gagner moins pour diminuer votre risque. Si vous choisissez un ETF d'actions à

dividendes, ciblez de 3 à 5% minimum. Le plus connu des ETF à dividendes regroupe les actions dites « Aristocrates » car elles maintiennent un dividende en hausse depuis plus de 25 années consécutives. Cela signifie que, si votre rendement est de 3% cette année, le dividende augmentant d'année en année, vous l'augmenterez avec le temps sans aucune action de votre part. Les entreprises diminuant ou stoppant leur dividende seront automatiquement sorties de l'ETF et les nouvelles rentreront sans votre intervention.

À cela, ajoutez les critères d'éligibilité à une enveloppe fiscale qui vous permettra de diminuer vos impôts ainsi qu'une réplication physique ou synthétique comme expliqué précédemment.

Acheter de l'or

Autre investissement possible et très connu : l'or. Or, je ne considère pas l'or comme un investissement car il ne produit aucun rendement. Son rôle est de protéger la valeur de votre capital, particulièrement dans des périodes d'incertitude économique. Personnellement, je n'investis pas dans l'or pour deux raisons. La première est que ma stratégie est basée sur la création d'un revenu et la seconde parce que je considère que Warren Buffet avait raison quand il a dit :

— Vous pouvez détenir tout l'or du monde, vous ne pourrez que vous asseoir dessus.

En effet, l'or ne génère aucun revenu. Sa valeur réside dans la transformation qu'en fera l'Homme, le joaillier, le bijoutier. Pour gagner de l'argent, il faudra transformer mon lingot ou spéculer pour le revendre plus cher, sans donner de valeur à une entreprise. La même valeur investie en actions générera, elle, des revenus.

Cependant, l'or, valeur refuge par excellence, est un excellent moyen de se protéger en cas de récession… à condition de bien l'acheter. Le souci, c'est que lorsque nous voyons venir un krach boursier, les États et les banques ont déjà acheté de grandes quantités d'or, rendant le prix déjà trop élevé. Si l'on veut se protéger, il faut l'acheter en période de croissance économique et le conserver longtemps.

Les crypto-monnaies

Si vous vous interrogez sur l'investissement dans les crypto-monnaies et particulièrement le Bitcoin, mon raisonnement est identique. Il ne produit aucun revenu donc je ne l'intègre pas dans mon plan d'investissement. En revanche, sa fonction est le libre-échange en supprimant un maximum d'intermédiaires et j'adore cette idée. Une autre raison pour laquelle je n'investirai pas sur le Bitcoin est que je ne suis pas à même d'analyser sa valeur, donc son prix également. Si vous ne pouviez pas voir le prix auquel s'échange le Bitcoin, comment sauriez-vous à quel prix il pourrait hypothétiquement s'échanger ? À l'inverse, si vous me donnez un bilan comptable et un historique de résultat d'entreprise, je saurai vous dire avec précision le prix auquel je voudrais acheter ou non ce titre.

Il faut investir avec bon sens et au bon prix et cela requiert de pouvoir analyser la valeur avant d'en demander le prix. Si vous avez un avis différent du mien, c'est une bonne nouvelle pour vous car cela veut dire que vous arrivez à analyser des choses sur des critères que beaucoup d'entre nous ne connaissent pas. Pour ma part, je m'abstiens d'investir dans ce que je ne connais pas.

Aussi, je pense que le Bitcoin peut-être un bon levier de spéculation si une transition monétaire se fait réellement vers cette monnaie. Son prix viendrait peut-être atteindre des sommets et ce serait justifié au vu de la valeur de cette technologie dans notre économie. Une économie qui ne mettrait plus les banques et les États en position de force sur le peuple.

J'aimerais maintenant répondre à quelques questions que vous vous posez peut-être à ce stade du livre, armé de vos nouvelles connaissances.

Faut-il investir son capital petit à petit ou d'un seul coup ?

La réponse varie selon le profil de l'investisseur. Celui qui n'a aucune notion de la bourse ne doit surtout pas y investir tout, tout de suite. Mieux vaut se former et en parallèle, progressivement, entrer sur le marché, à petites doses.

Toutefois, si un investisseur dispose à la fois d'un capital, de bonnes connaissances et d'expérience en bourse, il a intérêt à faire fructifier dès que possible son capital dormant. En revanche, investir d'un coup ne veut surtout pas dire sur le même titre ou le même ETF, il faut diversifier, par sécurité. Le bon sens populaire le rappelle, on ne place jamais tous ses œufs dans le même panier.

Que l'on soit expérimenté ou pas, je préconise vivement de débuter avec un compte de démonstration, où l'argent est fictif. C'est un très bon entraînement qui permet de se faire la main sans risquer son capital. On ne gagne rien, mais on apprend.

Est-ce qu'un nouveau krach boursier arrive et faut-il l'attendre avant d'investir ?

Je vais commencer par dédramatiser : un krach boursier peut être un drame mais, pour les personnes formées, c'est l'opportunité d'acheter des titres à un bon prix. Parce qu'un krach, c'est un peu comme… les soldes ! Et cela revient approximativement tous les dix ans.

Sincèrement, le krach devrait être une bonne nouvelle pour tout le monde, sauf ceux qui ont des actions surévaluées en portefeuille et besoin de liquidités à court terme. Il représente un simple ajustement du prix des titres par rapport à leur valeur réelle.

Les investisseurs sont souvent optimistes et avec le temps, cet optimisme s'accroît. Le krach vient rappeler que le cours doit rester en corrélation avec la réalité économique. Quand il y a plus de vendeurs que d'acheteurs optimistes, « crac » ! Le prix s'effondre… On remet les pendules à l'heure.

Qu'est-ce qui définit que l'action monte ou descend ?

Tout simplement l'accord entre les vendeurs et les acheteurs qui s'échangent des titres. C'est le nouveau cours établi par l'offre et la demande qui est reproduit sur les marchés.

Utilisons une métaphore. Imaginons que nous nous promenons sur un marché où des vendeurs de pommes crient très fort leurs prix, avec conviction. Ce prix devient fou, la pomme est proposée à la vente à 100 € alors que les consommateurs savent qu'elle vaut environ 1€. L'un d'eux veut absolument une pomme, mais pas à ce prix délirant, alors il explique au vendeur qu'elle est trop chère et qu'il n'en vendra pas. Ce que le vendeur a effectivement constaté. Or, il est là pour vendre, pas pour attendre qu'elles pourrissent. Il va proposer un prix nettement inférieur, bien plus juste. Alors, le marchand de pommes va de nouveau crier son prix mais cette fois cohérent avec la valeur réelle de ses pommes.

Lorsqu'un accord sur le prix d'une action est trouvé entre les vendeurs et les acheteurs, la transaction s'effectue et est reproduite sur le cours de l'action. Autrement dit, quand vous voyez des courbes augmenter et baisser indiquant le prix d'un titre, il s'agit en réalité des accords entre vendeurs et acheteurs sur le prix qui résulte d'un échange de titres. Si des vendeurs peuvent planifier des prix de vente avec les outils de « *stop-loss* » et de « *take-profit* », les acheteurs peuvent également planifier un ordre d'achat à un prix limite. Encore une fois, lorsque ces ordres de vente ou d'achat s'exécutent, ils sont visibles sur le cours du titre.

Le krach boursier, c'est ça. Et ce krach s'inscrit dans un cycle normal, qui se répète. Environ tous les dix ans, comme je l'ai déjà indiqué. Alors, faut-il l'attendre pour investir ? Cela dépend des capacités de l'investisseur et de son ressenti.

Bien que cela ne relève pas d'une science exacte, historiquement, les krachs font chuter l'ensemble des marchés d'environ 50%. Si l'investisseur fait fructifier son patrimoine de 10% par an, il doit se demander si le krach risque d'intervenir dans les cinq ans à venir ou après. Si, d'après lui, c'est dans les cinq ans, mieux vaut attendre. S'il pense que ce sera après cinq ans, ça vaut le coup d'investir dès maintenant.

Comment protéger ses investissements d'un krach boursier ?

Certains investisseurs recherchent trop la sécurité et se créent un portefeuille dans le but de se protéger d'un krach. C'est un peu comme si un pilote de course serrait son frein à main pour éviter l'accident : cela limite considérablement la performance. Dès le départ, il faut créer un portefeuille en adéquation avec notre stratégie, soit pour percevoir des dividendes, soit plutôt pour augmenter la valeur de son portefeuille, les deux n'étant d'ailleurs pas incompatibles.

Quand on évoque un krach imminent, les gourous vantent l'or et les obligations d'État. Je l'ai écrit précédemment : l'or ne constitue une bonne valeur refuge qu'en l'achetant à un prix raisonnable et ne produit aucun revenu. Juste avant un krach, c'est trop tard. Les investisseurs le vendent juste après le krach pour acheter des actions en solde. Tout est histoire de bon timing, ce qui impose une sérieuse connaissance du marché et de ses règles de fonctionnement.

La meilleure façon de se protéger d'un krach est de vendre ses actions que l'on pense surévaluées en période d'incertitude. Je pourrais résumer cette philosophie d'une phrase : il faut vendre à des optimistes et acheter à des pessimistes !

Pour se protéger, il faut conserver des liquidités disponibles pour acheter les actions « en solde »… et recommencer la première partie de ce livre, consacrée à l'immobilier. L'investissement dans la pierre, contrairement à l'or, constitue une valeur refuge et génère un revenu. Son seul et son plus grand défaut reste sa moindre liquidité.

Je souhaite aussi évoquer les « *Stop loss* ». Le S*top loss* est un ordre de vente automatique utilisé par les *traders* pour "couper leurs pertes". Un ordre de *Stop loss* correspond à la perte maximale que l'investisseur accepte sur une position en bourse. C'est donc un ordre de vente planifié à un prix prédéfini. Et surtout, à mes yeux, c'est… un mirage !

Le principe est que j'achète à 100 € et définis un seuil auquel je sors du "jeu", par exemple à 80 €. Admettons que mes actions achetées 100 € s'échangent maintenant à 80 €. Mon *Stop loss* se déclenche et valide ma perte, pour éviter de perdre plus. Alors qu'en patientant, je ne perds rien et le cours finira par remonter si j'ai choisi le bon titre. C'est donc une fausse bonne idée ; j'irais même jusqu'à affirmer que le *Stop loss* est une mauvaise idée. La meilleure protection contre le krach boursier reste la patience et l'analyse lors de l'achat du titre.

Ayant des *traders* à succès dans mon entourage, j'ai appris qu'ils utilisent des *Stop loss* dans une stratégie d'achat et de revente, autrement dit de spéculation. Encore une fois, pas de vérité absolue dans ce livre, si ce n'est que vous devez avoir votre propre opinion et votre propre stratégie.

Comment acheter et vendre des actions ?

Il existe différents ordres d'achat et de vente. Ils peuvent se réaliser de deux manières :

- Au prix du marché, c'est-à-dire que l'on souhaite vendre ou acheter au prix actuel
- A un prix défini. On valide l'achat ou la vente à ce prix en amont… et on attend qu'un vendeur ou acheteur soit d'accord avec ce prix.

Pour ma part, je planifie toujours des ordres d'achat à un prix défini en amont. Quant à la vente, je considère que le meilleur moment pour vendre, c'est… jamais ! Tant que nous conservons l'action, l'entreprise verse des dividendes. Il y a très peu de raisons de vendre. On peut le faire si la valeur réelle de l'entreprise diminue ou que les dividendes sont réduits ou coupés. Je définis alors un prix de vente pour céder l'action à un acheteur optimiste. Autre raison de vendre : si une entreprise voit son cours augmenter drastiquement et que je sens un krach pointer le bout de son nez. Là, je vends, et je rachèterai peut-être ces mêmes actions à bas prix après le krach.

Comment choisir son courtier en ligne ?

Concrètement, un courtier en ligne, c'est un site Internet qui permet de vendre ou d'acheter des actions en mettant en contact vendeurs et acheteurs. Il en existe beaucoup, bien le choisir est important.

Chacune de ces plateformes de courtage présente des avantages et inconvénients et certaines évoluent sur des marchés très spécifiques. À vous de voir s'ils vous intéressent.

La priorité consiste à comparer le montant des frais, qui oscille généralement entre 0 et 1%. Ce qui peut vous sembler suffisamment faible pour ne pas vous pencher dessus en détail même si l'impact de ces frais dans la durée ne doit surtout pas être sous-estimé comme évoqué précédemment sur l'impact des frais des ETF.

En dehors des frais de transaction pour tout achat ou vente, on peut vous facturer le *spread*. Le *spread* est un cours de l'action modifié par la plateforme. Par exemple, elle va vendre 101 € et acheter 99 € une action dont le cours officiel est de 100 €. Et cet euro de différence n'apparaît pas dans les frais de transaction appliqués, ce qui signifie qu'une plateforme peut prétendre facturer 0% de frais et appliquer un *spread* important. D'où la nécessité de se renseigner avant. Ce type de frais tend à disparaître mais certaines plateformes en appliquent encore.

Par ailleurs, il a longtemps existé des frais d'entrée et de sortie, mais, en principe, les plateformes ne les appliquent plus. Si vous lisez dans ses conditions qu'une plateforme les a maintenus, fuyez-la.

Sur certains produits financiers, les plateformes appliquent des frais plus importants que pour d'autres. Par exemple, un courtier européen peut facturer plus de frais sur les actions américaines que sur les actions européennes. Renseignez-vous bien avant d'opter pour tel ou tel courtier.

Vous devez aussi savoir si la plateforme permet d'ouvrir une enveloppe fiscale, de type PEA (Plan d'Épargne en Actions), qui offre des exonérations d'impôt sur le revenu. En France, le PEA est une forme de compte-titres sur lequel les revenus et les plus-values sont faiblement imposés sous certaines conditions, notamment de durée de détention et la provenance de vos titres.

Dernier critère de choix de votre courtier : les garanties qu'il propose.

Lorsque nous transférons notre capital chez un courtier, avant que nous n'achetions les actions, il garantit ces fonds "en attente". À quel niveau ? Et y sommes-nous vraiment éligibles ? Certaines plateformes mettent en avant le fait qu'elles garantissent telle somme, mais n'insistent pas forcément, dans leurs explications, sur la clause qui ne prévoit cette garantie qu'aux citoyens américains, par exemple. En sorte que, même avec une garantie apparemment solide, en cas de défection du courtier, un investisseur français peut se retrouver sans recours, en ayant perdu l'intégralité de son capital en attente ! Il faut donc vérifier l'éligibilité de l'application de cette garantie des fonds chez le courtier.

Les différents critères que je viens de lister permettent de choisir le courtier qui vous convient à vous, et qui ne conviendra pas forcément à votre voisin. C'est un peu du sur-mesure.

Quelle stratégie d'investissement choisir ?

Sachant désormais comment procéder, vous vous demandez quoi acheter, comment créer votre portefeuille boursier. Je vais exposer ici ma stratégie. Il en existe d'autres, tout aussi efficaces et recommandables que la mienne.

Commençons par déterminer quel genre d'investisseur en bourse vous êtes : à la recherche d'une gestion passive ou plus active ?

Prenons l'exemple de quelqu'un qui n'a pas plus d'une heure par an à consacrer à la gestion de son capital boursier. C'est possible avec 70% du capital placé en ETF d'actions, 20% dans des obligations d'État sur le long terme et 10% en obligations d'entreprises dans des pays émergents.

Sur ce type de portefeuille, les résultats passés – même s'ils ne garantissent pas les résultats à venir – montrent que les actions les plus performantes et les plus solides sont américaines, les plus résistantes aux krach sont celles qui versent des dividendes stables.

Lorsque le marché américain connaît une baisse de prix, les obligations d'État prennent de la valeur, en plus de vous reverser des coupons tout au long de la durée de conservation. Quant aux obligations d'entreprises dans des pays émergents à forte croissance, elles sont performantes mais un peu plus risquées, d'où la limite de 10% que je préconise.

Ce portefeuille idéal peut mener à une performance de 5 à 10% par an sans y consacrer plus d'une heure par an. Comme expliqué précédemment, peut-être aurez-vous une performance inférieure les premières années mais, au fil du temps, votre rendement augmentera si vous avez bien sélectionné vos titres.

Quel ETF privilégier ? Un ETF à réplication physique avec un historique qui montre qu'il prend de la valeur et verse des dividendes de manière stable. Il faut aussi qu'il facture moins de 1% de frais. Encore une fois, référez-vous aux critères évoqués précédemment pour affiner vos recherches.

Quel type d'obligations choisir ? Investissez dans des obligations d'État correspondant aux États où sont situées les entreprises dont vous avez acheté des actions. Pour les pays émergents, passez par un ETF spécifique dont c'est le créneau, pour l'Asie, l'Amérique du Sud ou l'Afrique. Je ne recommande pas d'acheter un ETF monde parce qu'ils prélèvent souvent beaucoup de frais en proposant un rendement annuel de l'ordre de 3% seulement. Même si ces 3% se justifient par le fait qu'il a beaucoup de travail, de recherche et d'arbitrage, la performance est très éloignée de mes objectifs.

Deuxième portefeuille potentiel, pour des investisseurs qui peuvent dégager une heure par mois, c'est-à-dire des profils semi passifs : 70% en actions, 20% en obligations d'État et 10% d'obligations d'entreprises dans des pays émergents.

Rappelons qu'investir dans des actions qui respectent les critères que j'ai précédemment listés et expliqués vise à maîtriser le risque au maximum mais il y aura toujours plus de volatilité que sur un ETF à large capitalisation.

Combien d'actions différentes le portefeuille doit-il contenir ? Je dirais de 15 à 30 selon votre capital. Pourquoi ? Si on a trop d'actions différentes, il va devenir difficile de les suivre toutes dans le temps. En se limitant à 30, on capitalise sur des entreprises que l'on suit et qui présentent de bonnes perspectives d'évolution.

Pour ma part, j'applique une routine mensuelle d'investisseur. Chaque début de mois, je tiens ma comptabilité personnelle en quelques minutes. Je garde un coussin de sécurité, qui couvre mes dépenses prévues sur six mois, et je vire l'excédent sur mon courtier en ligne.

Lorsque l'argent apparaît sur mon compte chez le courtier en ligne, j'achète les actions que j'ai repérées au préalable, à l'occasion d'une recherche approfondie. Je regarde l'action qui a le plus perdu en prix par rapport à sa valeur réelle et je l'achète.

À chaque début d'année, j'analyse les actions au sein de mon portefeuille, observant si elles respectent toujours ou non mes critères. Si ce n'est plus le cas, je planifie un ordre de vente et je patiente jusqu'à ce que le prix d'achat atteigne mon objectif et qu'un optimiste en soit le nouveau propriétaire.

Chapitre 13

Krachs, récessions, comment en tirer profit ?

Au sein de ce chapitre, j'aimerais attirer votre curiosité sur une phase d'un cycle boursier mal interprété par le grand public : les krachs boursiers. Comme expliqué précédemment, un krach est un ré-équilibrage du cours de titres qui sont sur-évalués. Autrement dit, la valeur des titres peut augmenter avec le temps mais certains investisseurs sont trop optimistes et perdent de l'argent lorsqu'ils s'écartent trop de la valeur intrinsèque d'un titre.

Avant de vous montrer comment tirer profit d'un krach boursier, j'aimerais vous présenter brièvement la cause de certains krachs boursiers qui ont marqué l'histoire. Le but, vous l'aurez compris, est de les comprendre pour s'en protéger.

1929 - L'heure de gloire des entreprises agricoles avait pourtant sonné. Ces entreprises réalisent d'importantes économies grâce à l'arrivée des machines agricoles qui réduisent le coût de la main d'œuvre. Ces entreprises augmentent drastiquement et en un éclair leurs bénéfices et les médias s'en servent pour nourrir leurs audiences. Monsieur et Madame Toutlemonde se mettent à investir dans les entreprises du secteur agricole, faisant ainsi augmenter le cours des actions. Cependant ça ne s'arrête pas là, les particuliers, par peur de manquer l'opportunité du siècle (qui se répétera quelques années plus tard), s'endettent auprès des banques pour tirer profit de ce qu'ils « apprennent » dans les médias. La sonnette d'alarme a été tirée rapidement par les banques. Au début elles étaient confiantes et prêtaient de l'argent aux apprentis investisseurs mais elles se sont inquiétées de revoir un jour leur argent. Les banques ont donc commencé à refuser des prêts dans le but d'investir dans ces valeurs agricoles en expliquant à leurs clients qu'ils étaient trop optimistes et que le prix n'était plus du tout corrélé à la valeur de ces actions. C'est alors que tous ceux qui ont trop investi et ceux qui ont emprunté de l'argent s'inquiètent eux aussi de revoir un jour leurs économies ou l'argent qu'ils ont emprunté. Les investisseurs qui analysent les bilans comptables avaient déjà vendu leurs actions bien avant, remarquant l'excès de confiance général. Ne pouvant rembourser leur emprunt, il n'aura fallu que quelques semaines à des millions d'Américains pour qu'ils se retrouvent endettés sur plusieurs générations.

Évolution de l'indice américain Dow Jones entre 1922 et 1936

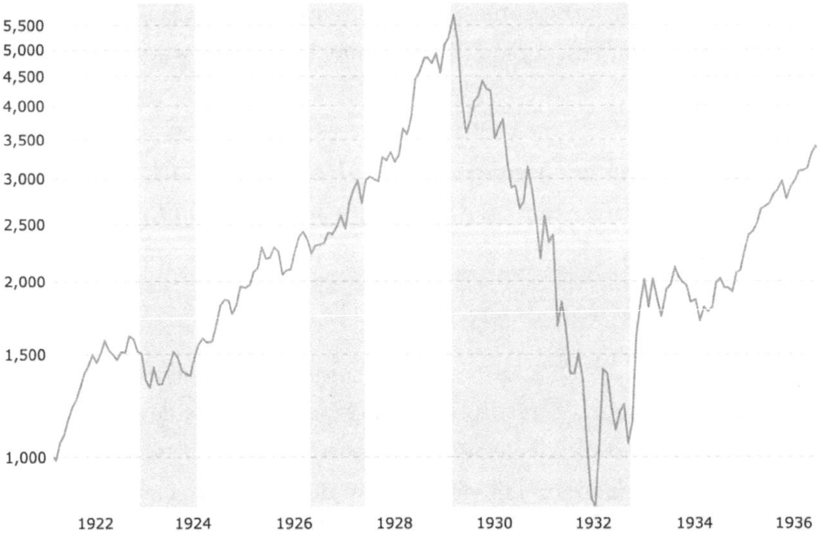

Ces derniers ont commis 2 erreurs. La première est d'avoir spéculé sans chercher à analyser la valeur intrinsèque des valeurs agricoles. Naturellement, ne connaissant pas la valeur de ce qu'ils achètent, ils font de mauvaises opérations. La seconde erreur réside dans le fait d'avoir emprunté de l'argent pour spéculer. En spéculant avec de l'argent que l'on emprunte, nos émotions l'emporteront forcément sur la raison. Il n'y a pas que la perte de capital qui surgit à cela, mais l'aspect psychologique. Toutes ces familles devenues endettées, avant même que ces valeurs agricoles chutent, devaient connaître un stress sans aucun égal, à raison malheureusement.

1987 - Les robots *traders* prennent le contrôle… des émotions ! À cette époque, beaucoup d'actions étaient sur-évaluées mais, ce n'est pas l'élément déclencheur. Ce qui a mis le feu aux poudres ce sont les promesses de gains de logiciels de calculs permettant d'investir à votre place. Vous l'aurez compris, cet algorithme aux belles paroles s'est avéré défectueux et a fait perdre des centaines de millions de dollars aux investisseurs qui se reposaient sur une méthode qu'ils ne comprenaient pas.

Évolution de l'indice américain S&P 500 entre 1985 et 1989

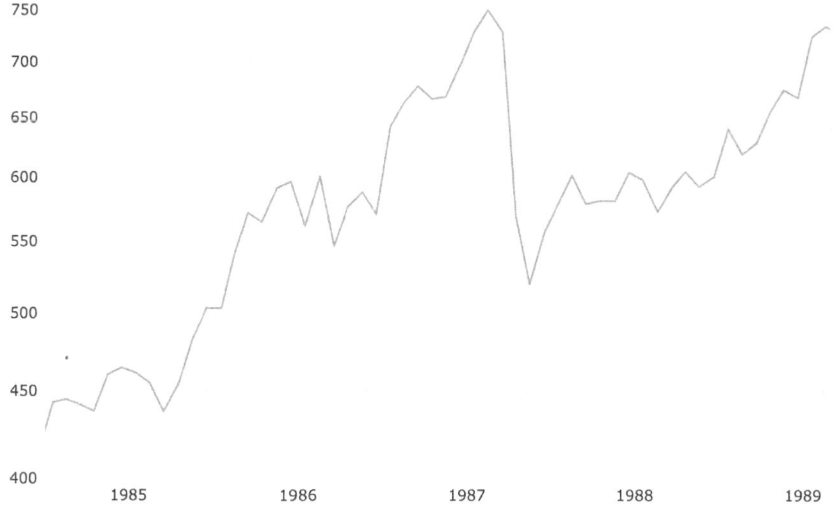

La leçon que nous devons retirer de cette expérience est que vous restez votre meilleur conseiller financier. Il est possible qu'aujourd'hui ou à l'avenir des robots gèrent mieux l'argent investi des particuliers assoiffés de profits rapides. Cependant, vous n'êtes pas à l'abri d'une faille, même très brève, qui écourtera toutes les promesses de gains rapides. Je dirais que les robots ont un avantage par rapport à l'humain. Ils peuvent avoir les mêmes stratégies mais ce qui les rend différents n'est pas une compétence supplémentaire mais quelque chose en moins : les émotions. Si vous voulez tirer parti d'un robot sans avoir à en faire l'utilisation, n'investissez pas de l'argent sur lequel vous comptez et vous vous rapprocherez de la réflexion plutôt que des émotions.

2007-2008 - Vous avez peut-être déjà entendu parler de *la crise des subprimes*. Tout démarre avec un rêve que l'on veut réaliser beaucoup trop vite. Encore une fois, rien de mal à vouloir atteindre ses objectifs mais c'est la notion de temps et de patience qui manque à bon nombre d'investisseurs. Ici, la carotte est le fait de devenir propriétaire de sa résidence principale. Aux États-Unis, les banques prêtaient aveuglement sans réellement étudier la situation des emprunteurs. Les particuliers n'avaient plus que ça en tête et voyaient une grande partie de leur entourage devenir propriétaire de leur résidence principale.

Naturellement, une augmentation de la demande pour un nombre d'offres stagnant de biens immobiliers fait augmenter les prix. Ce n'est pas grave, puisque les banques prêtent toujours plus et à des taux élevés mais aussi variables. Les principales banques américaines ayant épuisé leur capacité de prêt, elles consultent d'autres banques afin d'augmenter encore le niveau d'endettement de la population. Les banques prêtent donc à d'autres banques et également à taux variables. Les affaires continuent, les vendeurs de biens immobiliers encaissent des sommes gigantesques car tout le monde peut acheter en empruntant.

Les banques au sommet de ce château de cartes prennent peur de ne jamais revoir leur argent car les ménages américains empruntent plus que ce qu'ils peuvent rembourser. Comme le risque de non-remboursement augmente, elles augmentent leurs intérêts auprès des banques emprunteuses. Ces dernières reportent cette variation sur les prêts aux particuliers tout en conservant une marge et provoquent alors une hausse des taux d'intérêt insurmontable. Les particuliers s'empressent de vendre leurs biens sur-payés mais personne ne veut emprunter maintenant car les taux d'intérêt des emprunts sont beaucoup trop élevés.

Finalement, le marché immobilier s'effondre car tout le monde veut vendre et peu de personnes veulent acheter. Cette crise aura ensuite un impact international dont on ressent encore les effets aujourd'hui. On dit que le malheur des uns fait le bonheur des autres. Les personnes qui avaient des économies et qui ont attendu que les taux d'intérêts diminuent sont devenues propriétaires de biens immobiliers pour une bouchée de pain, laissant ainsi des millions d'Américains endettés. Notez que ces nouveaux acquéreurs ne sont pas les méchants de l'histoire, d'ailleurs il n'y en a pas. Je pense qu'il y avait une part de responsabilité dont les banques n'ont pas fait preuve au début, en prêtant aveuglément. Il y a aussi un manque de rationalité des emprunteurs qui, visiblement, n'avaient pas la capacité de rembourser leur dette.

Évolution de l'indice américain Dow Jones de 2006 à 2011

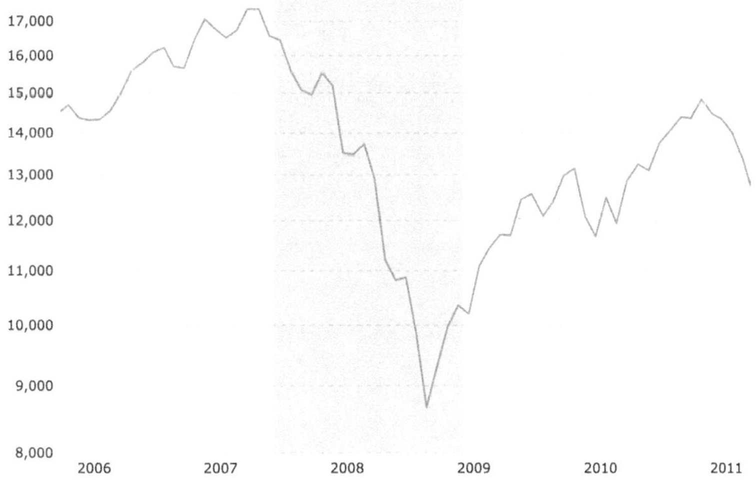

L'apprentissage qu'il faut en retirer est identique à celui du krach de 1987. Si vous achetez quoi que ce soit sans connaître sa valeur, vous risquez de perdre de l'argent en cas de revente. Les foyers américains ont aussi reproduit l'erreur d'emprunter de l'argent pour acheter ce qu'ils pensaient comme l'opportunité du siècle. C'est ce qui pourrait s'apparenter à de l'effet de levier mal géré. Personnellement, j'investis depuis des années et je vis pleinement de mes investisse-ments. Pourtant, je ne me suis jamais endetté pour un passif. Car oui, une résidence principale est un passif. Elle ne produit aucun revenu mais éventuellement un profit à la revente même si ce n'est pas son but.

2010 - Le krach boursier le plus rapide de l'histoire. En 36 minutes, 4,1 milliards de dollars sont passés de la poche des rêveurs à ceux qui ont une gestion passive de leurs actifs. Dans cette ère technologique, les fonds de gestion n'hésitent plus à se concurrencer avec des promesses de rendement grâce à des robots *traders* révolutionnaires. Toujours plus performants, toujours plus rapides, mais la notion de risque est évoquée uniquement pour des raisons légales. Lors de ces 36 minutes, un des robots utilisés par plusieurs fonds de gestion essaient de saisir une opportunité d'achat/revente. Pour cela, il vend des actions à un prix dérisoire mais, au moment de vouloir acheter un autre titre, le robot ne répond plus. Le marché étant trop volatil, lors de sa reprise des fonctions 5 heures plus tard, les marchés ont déjà bien changé. Le robot décide donc de racheter ces mêmes actions vendus quelques heures plus tôt mais à un prix nettement plus cher. C'est comme si vous confiez de l'argent à un spéculateur lunaire qui change d'avis toutes les heures.

Évolution journalière de l'indice américain Dow Jones le 6 mai 2010

Ce qu'il faut retenir de tous ces krachs c'est que l'histoire se répète car le comportement humain se répète. Beaucoup de particuliers qui s'improvisent investisseurs ne retiennent pas ce que le passé nous apprend. Soyez prudent avant de rechercher un profit. N'acceptez pas davantage de risque pour une promesse de gain supérieur à vos attentes. Le seul moyen de s'enrichir sur le long terme est de protéger son capital tout en en retirant un revenu confortable et pas en risquant son capital au profit d'une sur-performance temporaire qui deviendra une source de stress.

Alors, comment protéger notre capital contre les récessions et les krachs boursiers ? Si la diversification n'est pas synonyme de rendement, elle l'est pour le maintien de la valorisation de votre portefeuille. Une diversification certes, mais pas simplement sectorielle. Nous avons déjà évoqué l'investissement dans l'or, qui est pour moi un mirage car souvent acheté trop tard à un prix décorrélé de sa valeur. De plus, l'or ne produit pas de rendement donc s'écarte de notre stratégie. Je vous propose que nous parlions des obligations d'État un instant. Fondamentalement, un État est comme une entreprise. Il est censé récolter des taxes dans le but d'aider le pays à se développer et de résoudre les problèmes du peuple. C'est comme si une entreprise rendait un service et qu'elle était payée pour ça. En tant qu'investisseur gagnant-prudent, nous pouvons donc comparer, avec les mêmes fondamentaux, un pays à une entreprise. Qu'il s'agisse de sa taille, de sa capacité à produire de la valeur et à l'exporter à l'international ou encore de son taux d'endettement.

La plupart du temps, les États sont de très mauvaises entreprises et, s'ils en étaient, ces entreprises seraient délaissées du grand public comme des investisseurs. Cependant, cela ne prend pas en compte le côté psychologique. C'est là tout le non-sens des obligations d'État. Elles offrent de faibles rendements et, si on en juge par les niveaux d'endettement, elles sont très risquées. Cependant, le grand public a une confiance quasi-aveugle dans de nombreux pays. Il n'y a qu'à voir ceux qui comptent sur leur retraite sans prendre le temps de vérifier l'état financier de celui qui la leur promet.

Pour tirer parti de ce phénomène de confiance aveugle, il faut investir dans des obligations d'État lorsque les marchés boursiers sont souvent en pleine croissance. Pourquoi me direz-vous ? Car l'appât du profit rapide attire les spéculateurs qui déplacent leur capital vers des actions qui ont la cote en ce moment. De ce fait, ils veulent se débarrasser des obligations d'État rapidement en acceptant une décote sur le prix de revente.

Le temps nous prouve que les obligations offrent moins de rendement et sont moins stables que les actions, donc comment cela nous aide-t-il à avancer vers notre objectif de futur rentier ? Lorsque les marchés iront mal, ce seront les spéculateurs et investisseurs à la gâchette longue qui s'empresseront d'acheter ces obligations. Ce comportement humain associé à la peur fera décoller la valeur de vos obligations. Je vous invite à revendre vos obligations une fois la fin survenue d'une récession ou d'un krach pour les échanger contre des actions de valeur à des prix cassés.

Plus facile à dire qu'à faire me direz-vous. Je suis d'accord, il faut en avoir dans l'estomac pour ne pas paniquer et vendre vos actions lorsque les marchés vont mal.

Si vous avez un panier d'actions qui perd de la valeur, rappelez-vous pourquoi vous aviez acheté ce titre. Si votre analyse était bonne, patientez, si vous avez changé d'avis, patientez aussi.

Lorsque vous achetez un titre, partez dans l'idée que vous avez un bien immobilier dans lequel vous vivez. Imaginez si vous pouviez vendre votre résidence principale aussi rapidement et facilement que vos actions. Vous serez un jour bien au chaud puis un autre à la rue ? Souvenez-vous d'une chose, lorsque vous voyez la valorisation de vos titres baisser, cela ne veut pas forcément dire que leurs valeurs baissent. Cela signifie que vos titres s'échangent à un cours inférieur à celui auquel vous vous êtes positionné. Je vous le répète, le moment de l'achat de vos titres importe moins que votre capacité à conserver vos titres. Si vous voulez réellement vendre vos titres, soyez patient et planifiez un ordre de vente à un prix qui ne vous fera pas perdre d'argent. Je vous recommande aussi de ne pas regarder les médias dont le profit est souvent égal à l'audience qu'ils amassent en créant de la peur et en amplifiant des bruits de couloir. Notez d'ailleurs que la plupart des grands médias appartiennent ou défendent les intérêts des ultra-riches et pas ceux du peuple.

Pour terminer ce chapitre, j'aimerais vous donner une statistique. Sur ces dernières années, seulement 10 jours par an sont responsables de 80% de la hausse annuelle des marchés financiers. Cela signifie que vous ne devez pas manquer ce train pour rester dans la partie. Si vous êtes trop actifs sur votre portefeuille, vous risquez de ne pas profiter d'un rebond qui suit généralement une baisse injustifiée et temporaire. Il y a une différence entre le risque et l'incertitude. C'est cette différence qui crée l'opportunité. D'ailleurs, en chinois, le mot qui signifie « crise » est le même qui signifie « opportunité ».

Chapitre 14

La psychologie de l'investisseur gagnant-prudent

Précédemment, nous avions évoqué qu'un investisseur qui gagne sur le long terme fait une balance entre psychologie et analyse comptable ou encore économique. Dans ce chapitre, j'aimerais vous retransmettre toute cette partie sur la façon de penser des investisseurs gagnants-prudents.

L'analyse et la théorie ne suffisent pas à elles seules pour réussir en bourse. Il faut en avoir dans la tête, mais aussi dans l'estomac. Si un investisseur a une analyse parfaite mais qu'il n'ose pas se positionner, à quoi bon ? À l'inverse, si vous devenez maître de vos émotions avec une analyse de surface, vous aurez beaucoup plus de chance de réussir en tenant vos positions quelques années.

Il y a une chose qui ne pardonne à personne en bourse, c'est le risque trop élevé. Il faut que vous appreniez quel est votre niveau d'acceptation du risque, et si vous pensez le connaître, j'espère qu'il diminuera encore au travers de ce livre.

La sécurité est votre priorité

Si vous investissez 10 000 € en bourse et que vous subissez une perte de 50%, cela signifie qu'il vous restera 5 000 €. Pour récupérer ces pertes, il faudra non pas réaliser 50% de performance mais 100%. Cela signifie que le risque doit être bien inférieur à la promesse de gain qui la sépare de titres moins risqués. Ce que je veux vous montrer, c'est qu'il est très difficile de se remettre d'une perte importante. Si vous espérez 10% de votre capital chaque année et que vous perdez 20 à 30% la première année, il vous faudra des années pour ne serait-ce que récupérer votre capital. Cela signifie donc que vous ne devez pas accepter un risque élevé, même en contre-partie d'une promesse de performance élevée. Un investissement n'est pas un pari. C'est un moyen de sécuriser son capital investi et d'en retirer un rendement qui nous convient.

Parmi les nouveaux investisseurs, beaucoup vont s'imprégner des analyses des « professionnels ». C'est tout à fait normal car il est possible que vous n'ayez pas encore assez confiance en votre analyse pour investir ne serait-ce qu'un seul euro. Pour pallier ce manque, retenez que ce n'est pas parce que la majorité des personnes ne sont pas du même avis que vous avez tort. La capacité principale d'un investisseur gagnant-prudent est de se faire confiance sans aller à l'excès. D'ailleurs, un moyen de se faire confiance sans être aveugle dans son jugement est de rechercher des analyses ou des informations qui sont en contradiction avec notre pensée. Si même les dires des autres analystes vous confortent dans votre choix, alors vous investirez tout de même mais de manière davantage prudente.

En parlant de risque, plus mon portefeuille se développe et plus je me rends compte que le risque n'est pas aussi corrélé au rendement que ce que je pensais. À mes débuts, je pensais que plus je prenais de risque plus je m'exposais aux gains ou à la perte de mon capital. C'est inexact ou plutôt incomplet. Je dirais avec le recul que c'est la qualité de l'analyse et la patience qui sont les points dénominateurs d'une performance durable. Oui l'acceptation du risque a un impact sur la performance mais bien moins que ce que je pensais initialement.

Pour le vérifier, il suffit de comparer 2 entreprises. L'entreprise A coûte 100 € à l'achat et verse 5 € de manière stable depuis 50 ans tandis que l'entreprise B coûte également 100 € à son cours actuel et verse de manière instable 6 € de dividende par action. Si l'entreprise A montre des bénéfices stables dans son bilan annuel tandis que la B a des bilans catastrophiques, qu'allez-vous faire ? Allez-vous accepter de prendre plus de risque pour recevoir 1% de dividende en plus ou allez-vous investir de manière prudente sur l'entreprise A ? L'investisseur patient et prudent placerait un ordre d'achat de l'action A et attendrait patiemment que son cours diminue légèrement pour obtenir la même performance que l'entreprise B mais avec la stabilité de l'entreprise A. Volontairement, ces exemples sont extrapolés mais cela n'empêche que la réalité n'en est pas si éloignée.

Une histoire de balance

J'aimerais maintenant aborder le sujet de l'équilibrage du portefeuille. Je l'ai brièvement évoqué mais uniquement sur la partie fondamentale et pas émotionnelle. L'équilibrage, ou encore l'arbitrage, signifie « équilibrer » son portefeuille. Admettons que vous investissiez de manière prudente dans différents secteurs sur différentes actions et ETF. Après une année ou deux, ces parts seront certainement déséquilibrées. Celles qui ont vu leur cours augmenter fortement mériteraient peut-être d'être vendues pour acquérir de nouvelles actions parmi celles dont le cours a chuté. Si votre analyse initiale est bonne, cela signifie que vous achetez des titres bon marché. Cela a aussi le mérite de diminuer votre exposition au risque et de réduire drastiquement vos potentielles pertes en période de récession.

D'ailleurs, en parlant du cours des titres, je n'ai que peu développé ce point jusqu'à présent. C'est encore une fois volontaire car, comme je l'ai répété, vous devez développer votre capacité à analyser la valeur d'un titre avant de demander son prix sur les marchés.

Maintenant que vous êtes arrivé à ce point du livre, je vais vous dire comment j'analyse graphiquement un titre avant de prendre la décision de l'acheter maintenant ou plus tard. Le temps m'a appris deux choses. La première, des connaissances, la seconde, la prise de conscience que je ne sais pas tout faire. C'est un signe de sagesse mais aussi de maturité que de se rendre compte que nous n'avons pas toutes les compétences nécessaires pour analyser des graphiques, même avec des outils ultra-performants. Je vous invite à adopter ce même niveau d'acceptation que moi sur notre impuissance et de nous concentrer sur une analyse des plus simples du cours d'un titre. Si son prix actuel ne vous permet pas de dégager le rendement que vous en attendez avec le niveau de risque que vous acceptez, c'est que ce n'est pas le bon prix. Autrement dit, soyez patient et analysez des entreprises de qualité dont le cours de bourse peut momentanément baisser. Personnellement, je n'achète que si l'action respecte mes critères et que le cours de l'action me semble inférieur par rapport à sa valeur. La seule dérogation à cette règle peut-être un gage de stabilité supplémentaire mais certainement pas un rendement alléchant qui sous-entend plus de risque.

La politique de versement de dividendes

J'aimerais à présent évoquer la politique des entreprises concernant les dividendes. Celle-ci peut changer d'une année à une autre et c'est le conseil de direction qui en définit les grandes lignes.

Avant d'aller plus loin, je ne comprends pas qu'aussi peu d'actionnaires aient leur mot à dire à ces assemblées où est votée la politique de dividendes. Une entreprise n'appartient pas à son dirigeant mais bien aux actionnaires qui sont ses employeurs. Imaginez un instant si vous aviez investi dans une action qui décide de verser moins de dividendes et qui le justifie en prétextant que l'entreprise a besoin de plus d'argent pour se développer et se prévenir des risques à venir. Ce raisonnement peut se tenir, car en théorie cela augmente la valeur de l'entreprise, mais il ne rassure pas pour autant les investisseurs et n'attirera pas de nouveaux investisseurs avec un dividende en baisse. Donc, dans la pratique, la plupart du temps le cours baissera. Il existe de nombreux scénarios possibles à un changement de la stratégie de versement de dividendes mais, la plupart du temps, c'est une mauvaise nouvelle. Cela signifie que l'entreprise a pris trop de risques depuis tout le temps où elle versait une trop grande partie de ses bénéfices aux actionnaires. Cela signifie aussi que l'entreprise peut faire l'enfant gâté. Des entreprises gagnent des centaines de millions voire, pour certaines, des dizaines de milliards chaque année. Pensez-vous réellement que toutes ces entreprises ont autant besoin de toujours plus de fonds propres « au cas où »? Il y a de nombreux cas où l'entreprise se retrouve dans la situation où elle ne sait plus quoi faire de ses fonds propres et, de ce fait, les utilisent très mal. Ce qui se retourne contre les actionnaires.

Pour illustrer ce scénario, imaginez-vous enfant avec 2 euros en poche. Si vous vous rendez dans une confiserie, vous allez dépenser votre argent avec attention et intelligemment. À l'inverse, un enfant qui rentre dans cette même confiserie mais avec 50 euros achètera tout et n'importe quoi jusqu'à se faire vomir. C'est exactement la même chose avec la plupart des entreprises qui ont beaucoup trop de fonds propres. Ce qu'il faut en retenir est qu'il ne faut pas investir dans des entreprises qui sont gourmandes en fonds propres et qu'il est tout à fait normal de chercher des entreprises aux bénéfices durables et reversés en grande partie aux actionnaires. J'aimerais approfondir ce sujet avec des cas concrets.

Que se passerait-il si une entreprise ne réalisait pas assez de bénéfices pour ses actionnaires ? Si l'entreprise diminuait son dividende en étant claire sur les raisons de la baisse des bénéfices et en apportant des solutions rassurantes, le cours de l'action ne devrait pas être grandement impacté. En revanche, si l'entreprise décidait d'utiliser sa trésorerie pour maintenir un dividende stable dans le temps, ce serait une preuve de la confiance qu'elle a envers son propre avenir. Généralement, le cours n'est pas impacté ou très peu car les investisseurs novices ne regardent que le montant du dividende et, s'il est maintenu, alors rien ne change. Les investisseurs intermédiaires quant à eux, s'ils sont rassurés par les annonces de l'entreprise, conserveront leurs actions en toute confiance.

Clôturons ce sujet par l'annonce d'un dividende exceptionnel. Il s'agit d'un dividende qui n'était pas prévu et qui plait généralement aux actionnaires. C'est un peu comme une prime de fin d'année mais sans attendre la fin de l'année. Dans la théorie, c'est une bonne nouvelle car cela signifie que l'entreprise réalise plus de bénéfices que prévu et qu'elle n'a pas besoin de trésorerie pour se développer davantage. Cependant, dans la pratique cela brouille l'analyse de l'action. Prenons l'exemple d'une entreprise qui augmente son dividende de manière stable d'année en année depuis 50 ans, ce qui attire naturellement les investisseurs en quête de stabilité du versement de dividende. Un jour, elle décide de verser un dividende exceptionnel. L'inconvénient est que si le montant du dividende exceptionnel est supérieur au montant du dividende de l'année suivante, comptablement l'entreprise aura diminué son dividende. Ce phénomène se produit également si le dividende exceptionnel est inférieur au montant du dividende l'année précédente. L'entreprise perdra alors sa médaille de stabilité de son dividende et fera fuir les investisseurs qui ne regardent que les chiffres de surface sans en faire une analyse.

La fausse bonne idée

Peut-être qu'à ce stade de la lecture, vous vous êtes dit « si j'achetais des actions avant qu'elle ne verse son dividende pour ensuite les revendre pour en acheter une autre » ? Cela ne fonctionne pas car le dividende qui est versé aux investisseurs, c'est de la trésorerie de l'entreprise qui en sort. Donc le cours de l'action baisse du même montant que celui du dividende. Par exemple, si le cours de votre action est de 50 € et que le dividende par action est de 5 €, alors après le versement du dividende, le cours de votre action sera échangé au prix de 45 €. Donc en réalité, c'est un déplacement de votre propre argent, aucune valeur n'est créée à cet instant. Le cours remontera au fur et à mesure que l'entreprise réalisera des bénéfices et, lorsque le versement du dividende viendra, elle déplacera cette valeur dans votre poche. S'il y avait une formule magique pour gagner en bourse, je vous l'aurais écrite au début de cet ouvrage, or, je ne la connais pas encore. Cependant, ce déplacement de valeur a un impact très intéressant sur le comportement d'achat des investisseurs. L'action ayant réduit son cours, cela intéresse de nouveaux investisseurs prêts à acheter quelques actions, ce qui fait généralement retrouver au cours sa valeur initiale avant le versement du prochain dividende. Il y a également le fait que, selon votre courtier, vous aurez le choix de recevoir votre dividende sous forme financière mais aussi sous forme d'actions à prix réduit. À vous de choisir. Personnellement, j'ai réinvesti tous mes dividendes jusqu'à atteindre mon revenu cible. Je réinjecte également les dividendes dont je n'ai pas besoin pour mon style de vie, m'assurant ainsi encore plus de sécurité financière.

Ceux qui ne perdent jamais

Au fur et à mesure de votre carrière d'investisseur et de futur rentier, vous allez rencontrer des profils d'investisseurs tout à fait différents. Il y a ceux qui sont plus réticents au risque que vous et il y a les têtes brûlées en quête de profit rapide. Le premier groupe d'investisseurs a souvent à nous apprendre et il est bon d'écouter leurs arguments. Cependant, ne succombez pas aux chants élogieux des spéculateurs. Pour avoir vécu à Malte, une petite île au-dessous de l'Italie, j'ai rencontré énormément de joueurs de poker. Bizarrement, spéculateurs et joueurs de poker ont ce même syndrome : celui de n'évoquer que les gains en omettant de parler des pertes. À les écouter, ils ne font que gagner. Récemment, une connaissance a gagné 1 million d'euros pour être arrivé premier à un tournoi de poker. Plusieurs sites en ligne de classement regroupent les infos de chaque grand joueur et les croisent avec l'ensemble des tournois qu'ils ont joués. On peut y trouver les gains mais aussi les pertes enregistrées. Curieux phénomène, ce joueur, prétendu millionnaire, aurait près de 400 000 € de pertes enregistrées auprès d'autres tournois la même année et pourtant il a bien oublié de m'en parler. Les traders et investisseurs ont souvent ce goût du partage de leurs victoires et omettront souvent d'annoncer leurs échecs. Ils peuvent vous laisser penser que votre stratégie est mauvaise et la leur bien meilleure. Laissez-moi vous dire deux choses :

1. Vous ne saurez jamais la vérité ;
2. Vous serez toujours le pauvre de quelqu'un d'autre.

Alors comment réagir ? Il faut laisser le temps faire ses preuves. Même si quelqu'un prétend ou gagne réellement plus que vous, ne faites pas cette erreur de comparer votre stratégie sur une échelle de temps trop courte. Puis, si j'ai choisi la stratégie de dividende, ce n'est pas pour ga-gner plus que mon voisin, mais pour avoir plus de temps disponible pour profiter de la vie. Ma vie personnelle est ma priorité, mon rendement n'occupe que la seconde place de mes préoccu-pations. Si vous vous comparez, alors faites-le avec tous les éléments. Vous vous rendrez vite compte que ceux qui gagneront plus que vous, et il y en aura toujours, y consacrent générale-ment plus de temps que vous ou acceptent davantage de risque et de stress. L'investissement est un marathon, pas un sprint. Enfin, il y a ceux qui investissent dans le but de recevoir un peu de reconnaissance en détenant des actions connues du grand public. Cela n'indique en rien que vous êtes un investisseur gagnant-prudent mais cela nourrit l'égo de certains. En d'autres termes, concentrez-vous sur votre objectif de futur rentier sans tenir compte des autres.

Pour compléter ce sujet, j'aimerais répondre à vos éventuelles interrogations à propos de la sur-performance par rapport au marché. Chaque année, des investisseurs ou des spéculateurs battent le marché. Cela signifie qu'ils ont une meilleure performance que l'indice du marché dans lequel ils investissent. Encore une fois, il s'agit d'un mirage. La plupart du temps, ces investisseurs travaillent leurs analyses de manière accrue et en font un métier à temps plein. Ils acceptent éventuellement plus de risque ou n'ont peut-être pas un capital aussi conséquent que vous. Cela signifie qu'il ne faut pas analyser une seule variable. Cependant, j'ai une bonne et une mauvaise nouvelle pour vous. La mauvaise est que dans ma stratégie, vous ne battrez pas souvent le mar-ché mais en serez très proche. La bonne nouvelle est que, dans des périodes de krachs boursiers, vous perdrez beaucoup moins en valorisation de votre portefeuille et vous continuerez de percevoir de nombreux dividendes si vos titres respectent les critères évoqués précédemment. Donc n'essayez pas de battre le marché à moins que vous ne décidiez de ne plus être rentier mais investisseur à temps plein. J'aimerais compléter cette réponse par une piste de recherche pour ceux qui souhaiteraient consacrer plus de temps à l'analyse de leurs futurs achats d'actions. Le meilleur moyen de battre le marché, c'est d'analyser et d'acheter les actions d'un indice qui sont stables et de ne pas acheter celles qui ne le sont pas. Si vous couplez cela à un ajustement de votre portefeuille chaque année, vous aurez des résultats supérieurs à la moyenne.

Les louanges des entreprises

J'aimerais maintenant aborder un sujet en relation avec la projection des résultats d'une entre-prise. Vous l'avez certainement remarqué depuis le début de cette lecture, je n'aime pas et je n'essaie pas de prédire l'avenir. Pourtant, on peut voir bon nombre d'entreprises cotées en bourse qui présentent des résultats prévisionnels dans le but d'attirer les investisseurs.

Certaines entreprises ont des projections réalistes et honnêtes tandis que d'autres laissent espérer aux futurs actionnaires un dividende incroyablement haut et stable. Aussi bonne soit l'analyse, je ne regarde strictement jamais ces projections. La raison est simple et réside dans la manipulation comptable. L'analyse des bilans comptables est déjà rendue opaque volontaire-ment pour prouver, ou simuler, que la valeur de l'entreprise est élevée. Cependant, encore au-jourd'hui, une entreprise est libre de faire un crédit pour un actif et de considérer ce nouvel actif comme ayant une valeur déterminée par l'entreprise elle-même. Vous l'avez compris, il est déjà difficile d'analyser les bilans comptables du passé. Alors que pensez-vous des projections comptables de l'avenir ? Je pense que plus on se projette et plus on augmente la marge d'erreur qui rend l'analyse de l'entreprise difficile, ce qui augmente le risque.

Il y a également des éléments non maîtrisables par l'entreprise qui fait ses propres projections comme un changement politique, concurrentiel ou environnemental. Ces critères viendront brouiller les projections même si elles s'avèrent honnêtes et cohérentes. Ce qui renforce ma pensée qui est d'analyser des éléments tangibles et sûrs mais je l'admets, peut-être légèrement obsolètes du fait des changements des critères cités précédemment. Un exemple concret, à chaque fois que de nouvelles lois apparaissent sur la diminution des zones fumeurs et l'augmentation des taxes de celles-ci, les actions de l'industrie du tabac prennent une claque liée à la baisse des ventes, chose que personne ne pouvait prévoir. Il faut donc admettre que l'analyse du passé n'est pas une garantie de l'avenir mais un moyen d'obtenir des indices sur ce qui est maîtrisable par l'entreprise. C'est ensuite une analyse de la politique, de la concurrence et du marché qui doit être faite pour prendre une décision d'achat ou non.

Chapitre 15

Comparatif entre plusieurs actions à dividende

Dans ce chapitre, je vous propose de rentrer dans la pratique avec des exemples fictifs. Le but est que vous développiez un sens de l'analyse et sachiez prendre des décisions qui ne sont pas basées en premier lieu sur un prix.

Pour ce comparatif, nous avons 3 sociétés américaines :

- L'entreprise « A » est le leader mondial d'extraction de pétrole et de gaz.
- L'entreprise « B » est une entreprise de taille mature qui crée des composants électro-niques pour tout type de produits électroniques.
- L'entreprise « C » est aussi une entreprise de taille mature mais dans le domaine ban-caire et de l'assurance.

Voici les chiffres des critères évoqués précédemment dans le but de choisir une action pour chacune des entreprises.

Critères de sélection	Entreprise A	Entreprise B	Entreprise C
Dividende annuel	8 %	4 %	7 %
Dividende versé depuis	30 ans	10 ans	15 ans
P.E.R.	15	18	10
Capitalisation boursière	100 milliards	50 milliards	120 milliards
Marge avant impôt	17 %	14 %	21 %
Taux d'endettement	14 %	21 %	70 %
Résultat net	Stable depuis 7 ans	Hausse depuis 10 ans	Hausse depuis 10 ans
Croissance de l'action	-10% sur 5 ans	+10% sur 5 ans	- 5% sur 5 ans
Compréhension de l'activité	Facile	Compréhensible	Modérée
Avenir dans 10 ans ?	Peu de doute	Peu de doute	Doute
Taux de distribution	70 %	50 %	70 %

Pour comparer ces entreprises de manière équitable, admettons que la dernière crise financière ait eu lieu il y a 15 ans et que quelques indicateurs économiques indiquent un début de récession qui n'a pas encore montré le bout de son nez. Il faut également supposer que votre portefeuille est déjà équilibré de manière sectorielle et que l'achat de l'un de ces titres ne déréglera pas ce critère.

Quelle action achèteriez-vous en priorité ? Prenez quelques instants pour réfléchir par vous-même avant de découvrir ma réponse dans le prochain paragraphe. Il n'y a pas de bonne ou de mauvaise réponse, l'objectif est d'améliorer notre capacité d'analyse.

Pour commencer, je préfère éliminer celle dont je sais que je ne voudrais pas dans mon portefeuille pendant 10 ans car, s'il y a un doute, il n'y a pas de doute sur ma décision. J'éliminerai l'entreprise « C » pour la simple raison que je n'ai pas la certitude que dans 10 ans, ce secteur sera toujours porteur. D'après mon analyse, le secteur bancaire sera amené à changer drastiquement ces prochaines années et de nouveaux acteurs feront leur apparition.

Sur le podium nous retrouvons l'entreprise « A » et l'entreprise « B ». Le dividende de l'entreprise « A » est alléchant et stable mais la croissance de l'action diminue le rendement sur une période longue. J'ai également moins confiance dans l'avenir du pétrole que dans celui de la création de composants électroniques, bien que je puisse me tromper. Il suffit d'analyser les coûts de l'extraction des différents types de pétrole qui sont en hausse et la découverte de nouveaux gisements qui est en baisse pour constater que la capacité de production diminue d'année en année et que son avenir est incertain. Pourtant, sa consommation augmente à la même vitesse que la population mondiale. Je pense qu'à terme, si d'autres énergies ne sont pas utilisées, cela engendrera une augmentation progressive de l'essence qui devra au moins couvrir les coûts d'extraction. Cependant, il y aura une fin à cette ressource qui est limitée.

Remarquez que je ne parle pas d'éthique, même si j'en ai une, elle n'intervient pas dans mes critères de sélection. La raison est simple et, dans cet exemple, je ne sais pas quel est le coût environnemental de la production d'autres énergies donc je m'abstiens d'avoir un avis sur ce que j'ignore. C'est aussi la raison pour laquelle je pense qu'avoir des actions d'entreprises spécialisées dans la vente d'armes n'est pas forcément une mauvaise chose si elles sont utilisées pour défendre votre famille et la juste cause. Ce critère est sensible et se veut propre à chacun. Cela étant dit, continuons.

Si je choisis l'entreprise « B » en priorité, c'est avant tout pour la confiance que je lui accorderai dans ma durée de détention. Je pense qu'il est possible d'effectuer un profit sur le court et moyen terme avec l'entreprise « A », cependant mon esprit d'investisseur prudent me conseille l'entreprise « B ».

Ce qu'il faut retenir de cette analyse, ce n'est pas la conclusion mais l'importance des critères qui ne sont pas tous égaux : il faut adapter mon analyse à ma connaissance et mon ignorance de certains secteurs. Dans ma stratégie, ma sérénité d'esprit m'importe plus qu'une performance hors du commun.

Chapitre 16
Ce que j'ai appris en devenant riche dans un monde inégal

Attention ce chapitre risque de ne pas plaire à tout le monde et c'est pour cela qu'il se trouve à la fin de cet ouvrage. Dans ce dernier chapitre, je vais partager avec vous mon expérience à titre personnel et sur le plan émotionnel, ma relation avec l'argent et le monde extérieur. Mon objectif est que vous ne fassiez pas les mêmes erreurs que moi et arriviez plus rapidement à votre épanouissement au travers de ce voyage.

Lorsque j'étais encore issu du bas de la classe moyenne, le moindre écart par rapport au mode de pensée populaire vous amenait à être traité de rêveur, de fou, d'inconscient ou je ne sais quoi encore. Pourtant, lorsqu'on expose des faits, la raison reprend le dessus, ou pas avec les personnes dont l'argent est rempli d'émotions et de souvenirs négatifs.

Pendant trop de temps je voulais aider ceux qui ne le voulaient pas. C'est une perte d'énergie incroyable et qui n'amène qu'à la déception du bienfaiteur. Ma première leçon fut d'accepter que nous ne sommes malheureusement pas tous malléables intellectuellement. Des personnes vivent dans un système qu'elles pensent connaître car elles sont habituées à fonctionner d'une certaine façon, ce qu'elles pensent être « une sécurité » est en réalité une zone de confort temporaire. En remettant en cause leurs habitudes, vous menacez involontairement leur sentiment de sécurité. Certaines ont encore l'ouverture d'esprit nécessaire et l'humilité de continuer à apprendre des autres, d'autres non. La plupart du temps, cela doit venir de vous-même. J'aime dire qu'on sait rarement ce que l'on veut mais on sait clairement ce que l'on ne veut pas. Pour ma part, ça a été le fait de lister ce que je ne voulais plus qui m'a mené à une vie d'entrepreneur et de rentier.

Ma seconde leçon de vie est que, dans un monde où tout le monde veut donner son avis, il ne sert à rien de se justifier. Encore une fois, conservez votre énergie et comprenez sa valeur. Les personnes qui ne maîtrisent pas leurs finances pensent que leur argent est ce qu'ils ont de plus précieux sans jamais l'admettre. Les personnes qui s'enrichissent valorisent leur énergie et leur temps, ce qui crée de la valeur et engendre une augmentation de revenus. Sans énergie, même si vous avez du temps à ne plus quoi savoir en faire, vous n'en ferez rien. En revanche, si vous avez beaucoup d'énergie et peu de temps, vous l'utiliserez à des fins productives.

L'argent lui aussi n'est qu'un accélérateur. Nous pouvons devenir riche, même en naissant pauvre. Je suis issu du bas de la classe moyenne et je n'ai reçu strictement aucune éducation financière. Je me suis simplement mis à rechercher des informations de ceux qui ont des résultats, informations que j'ai ensuite appliquées.

Les imposteurs et voleurs de temps

Nous transitons d'ailleurs vers un sujet annexe, l'imposture. Tout au long de votre vie, vous allez recevoir des conseils sans parfois même les demander. On vous dira comment faire ou ne pas faire. Beaucoup prétendront savoir mieux que vous ce qui est bon pour vous. Je pense qu'il faut savoir écouter, comprendre et implémenter ou non les enseignements des autres.

Le meilleur moyen de s'assurer de la véracité d'une information est d'en regarder les résultats chez celui qui l'enseigne. Typiquement, le professeur d'une matière comme l'économie qui n'aura jamais investi un seul euro ou encore celui qui enseigne la création d'entreprise tout en étant fonctionnaire depuis la fin de ses études.

La théorie sans expérience crée des problèmes majeurs. Le premier est le nettoyage de cerveau collectif qui retire cette capacité si précieuse à penser par nous-mêmes. Le second, la perte de confiance dans ce que vous apprenez. Logique, vous emmagasinez des informations qui ne sont pas applicables ou qui n'apportent pas de résultats visibles dans votre vie, à quoi bon apprendre ? C'est cette envie d'apprendre qui disparaît avec le temps qui rend la population dépendante de ceux qui les gouvernent.

Cette réflexion m'amène à une chose : vous devez, autant que possible, vous assurer des résultats de ceux qui vous apprennent quoi que ce soit. Si vous n'avez pas confiance dans les connaissances de quelqu'un, même s'il dit vrai, vous ne les appliquerez pas par manque de confiance. En revanche, si vous avez confiance dans les résultats et les connaissances de quelqu'un qui ne prétend pas plus que ce dont il est sûr, alors vous aurez envie d'appliquer ses conseils.

Au début on se moquera de vous puis on vous jalousera. Une majorité devenue minorité avec le temps détestera votre succès. Les comportements de votre entourage se modifieront car, comme expliqué précédemment, pour le grand public, ce qu'il y a de plus important c'est l'argent. Comme ils admettent intérieurement que vous en avez beaucoup, ils vous respecteront, vous craindront ou vous jalouseront.

L'argent est un amplificateur d'émotions pour ceux qui l'observent, alors ne soyez pas surpris qu'on vous jette des tomates, même si ce n'est pas justifié. Il n'y a aucune logique dans ce comportement, simplement des émotions et des préjugés. Les personnes sans éducation financière sont sceptiques et les riches aussi. Cependant, ceux qui n'évoluent pas sont convaincus de ce qu'ils pensent être la vérité tandis que les riches posent des questions. Plus vous allez en apprendre sur l'argent et plus vous vous rendrez compte que nous ignorons énormément de choses.

Comment réagir face à ceux qui vous en voudront pour votre réussite ? Ignorez-les et laissez-les. Au début, ça ne sera pas facile mais avec le temps vous n'en aurez plus grand chose à faire. Pour ma part, avec l'exposition que j'ai grâce à internet, je suis sujet à de nombreuses théories à se tirer les cheveux et à des commentaires négatifs sans fondement. Cependant, j'ai une raison tellement forte de me lever chaque matin que je n'ai jamais baissé les bras longtemps. L'argent a changé ma vie et celle de ma famille. Mon objectif de vie est limpide, j'aimerais aider ceux qui le désirent à améliorer leur vie également. J'ai le soutien d'énormément de personnes via des commentaires, des e-mails ou même, dans mon cercle d'amis proches, de ceux qui ont reçu mes conseils et ils me donnent toute la force nécessaire pour continuer.

L'argent est une conséquence mais ne doit pas être un but. L'argent court vite, attirez-le plutôt que de le pourchasser. Les plus beaux moments de ma vie ne sont pas ceux que j'ai passés à gagner de l'argent mais ceux où j'ai vu le résultat que mes actions ont apporté à la vie des autres. Le bonheur ne se cache pas dans votre compte bancaire mais bien dans un gain de sécurité financière associé à un partage de votre temps avec ceux que vous aimez.

En conclusion

Merci… et peut-être à bientôt ?

Passons aux remerciements qui sont coutumiers mais néanmoins sincères. Je vous remercie de m'avoir accordé votre temps et vous suis reconnaissant d'avoir lu cet ouvrage jusqu'à ce stade.

J'ai rédigé ce livre en m'appuyant sur mon expérience, afin de vous la transmettre de manière simple et utilisable. Cela n'aurait pas été possible sans les nombreuses personnes qui m'ont envoyé des messages de remerciement, m'incitant à créer un tel ouvrage et en m'indiquant le genre d'informations qu'ils aimeraient y trouver.

Je remercie aussi mon papa de m'avoir soutenu dans mon aventure entrepreneuriale. Même si ce chemin s'est avéré très différent de ce qu'il imaginait pour moi initialement, il n'a toujours voulu que mon bien et en a fait sa priorité de nombreuses années.

Ce livre est pour moi le moyen de transmettre ce que j'ai appris par expérience sur le terrain. Ayant partagé ma transformation avec vous, je souhaite que vous réussissiez vous aussi.

J'aimerais maintenant avoir votre avis sincère exprimé sur Amazon. Non pas pour nourrir mon égo mais plutôt pour m'indiquer ce que vous a apporté ce livre, ce que vous auriez éventuelle-ment moins aimé, ce qui a pu vous manquer, de sorte que je puisse encore enrichir cet ouvrage qui évoluera avec le temps puisque je continuerai de l'actualiser.

Mon but premier, avec ce livre, est d'aider les personnes désireuses de liberté financière. C'est aussi pour moi l'opportunité de faire découvrir mes formations, pratiques et concrètes, qui con-tinuent de vous aider en allant plus loin au travers de la gestion de vos finances, l'investissement immobilier et boursier.

Ceux d'entre vous qui n'ont pas encore la motivation nécessaire à se former trouveront déjà beaucoup d'informations gratuites et de motivation sur ma chaîne YouTube.

A présent, bon investissement à chacun d'entre vous et prenez soin de votre compte bancaire, il vous le rendra toute votre vie.

Printed in France by Amazon
Brétigny-sur-Orge, FR

11563491R00097